Pedro Calderón de la Barca

El Faetonte

Barcelona **2024**
Linkgua-ediciones.com

Créditos

Título original: El Faetonte.

© 2024, Red ediciones S.L.

e-mail: info@linkgua.com

Diseño de cubierta: Michel Mallard.

ISBN tapa dura: 978-84-9897-375-4.
ISBN rústica: 978-84-9816-411-4.
ISBN ebook: 978-84-9897-228-3.

Cualquier forma de reproducción, distribución, comunicación pública o transformación de esta obra solo puede ser realizada con la autorización de sus titulares, salvo excepción prevista por la ley. Diríjase a CEDRO (Centro Español de Derechos Reprográficos, www.cedro.org) si necesita fotocopiar, escanear o hacer copias digitales de algún fragmento de esta obra.

Sumario

Créditos _____ 4

Brevísima presentación _____ 7
   La vida _____ 7

Personajes _____ 8

Jornada primera _____ 9

Jornada segunda _____ 65

Jornada tercera _____ 117

Libros a la carta _____ 167

Brevísima presentación

La vida

Pedro Calderón de la Barca (Madrid, 1600-Madrid, 1681). España. Su padre era noble y escribano en el consejo de hacienda del rey. Se educó en el colegio imperial de los jesuitas y más tarde entró en las universidades de Alcalá y Salamanca, aunque no se sabe si llegó a graduarse. Tuvo una juventud turbulenta. Incluso se le acusa de la muerte de algunos de sus enemigos. En 1621 se negó a ser sacerdote, y poco después, en 1623, empezó a escribir y estrenar obras de teatro. Escribió más de ciento veinte, otra docena larga en colaboración y alrededor de setenta autos sacramentales. Sus primeros estrenos fueron en corrales.

Lope de Vega elogió sus obras, pero en 1629 dejaron de ser amigos tras un extraño incidente: un hermano de Calderón fue agredido y, éste al perseguir al atacante, entró en un convento donde vivía como monja la hija de Lope. Nadie sabe qué pasó.

Entre 1635 y 1637, Calderón de la Barca fue nombrado caballero de la Orden de Santiago. Por entonces publicó veinticuatro comedias en dos volúmenes y *La vida es sueño* (1636), su obra más célebre. En la década siguiente vivió en Cataluña y, entre 1640 y 1642, combatió con las tropas castellanas. Sin embargo, su salud se quebrantó y abandonó la vida militar. Entre 1647 y 1649 la muerte de la reina y después la del príncipe heredero provocaron el cierre de los teatros, por lo que Calderón tuvo que limitarse a escribir autos sacramentales.

Calderón murió mientras trabajaba en una comedia dedicada a la reina María Luisa, mujer de Carlos II el Hechizado. Su hermano José, hombre pendenciero, fue uno de sus editores más fieles.

Personajes

Faetón
Epafo
Batillo
Tetis
Amaltea
Doris
Silvia
Admeto
Eridano
Apolo
Climene
Galatea
Ninfas
Unos embozados
Tres coros de música
Soldados y acompañamiento

Jornada primera

(Salen Faetón y Epafo, vestidos de villanos.)

Faetón	¡Hermosas hijas del Sol,	
	bellas náyades, a quien	
	ninfas de fuentes y ríos	
	Neptuno ha dado el poder	
	en los minados cristales,	5
	que de su centro se ven	
	anhelando por salir	
	y anhelando por volver!	
Epafo	¡Bellas hijas del Aurora,	
	dulces dríades, en quien	10
	ninfas de flores y frutos	
	depositó el rosicler	
	de sus primeros albores	
	en la iluminada tez,	
	que dio la nieve al jazmín	15
	y la púrpura al clavel!	
Coro I	¿Quién nos busca?	
Coro II	¿Quién nos llama?	
Faetón	Quien pretende que le deis...	
Epafo	Quien que le deis solicita...	
Faetón	...un felice parabién.	20
Epafo	...una alegre norabuena.	

Coro I y II.	¿De qué, sepamos?	
Faetón	De que la divina Tetis, hija de Neptuno, que el dosel tal vez de nácar trocó a la copa de un laurel.	25
Epafo	De que Tetis, hija bella de Anfitrite, que tal vez trocó su nevado alcázar a este divino vergel.	30
Faetón	A cuya deidad rendí.	
Epafo	A cuya beldad postré.	
Faetón	Desde que la vi una aurora estos campos florecer.	
Epafo	Desde que un alba la vi estos cristales vencer.	35
Faetón	Ser, vida, alma y libertad.	
Epafo	Libertad, vida, alma y ser.	
Faetón	Hoy, o miente aquel escollo que su triunfal carro es, costeando viene la orilla.	40
Epafo	Hoy, si no es que miente aquel peñasco que su marina carroza otras veces fue,	

	viene arribando a la playa.	45
Faetón	Y puesto que la debéis vasallajes de cristal.	
Epafo	Y puesto que aumentar veis la copia de vuestras manos al contacto de sus pies.	50
Faetón	En muestras del alborozo.	
Epafo	En albricias del placer.	
Faetón	Su belleza saludad.	
Epafo	Salva a su hermosura haced.	
Galatea	Sí haremos; pues cuando no fuera, Eridano, por ser deidad nuestra, por deidad tuya lo hiciéramos, que en las hijas del Sol tienes (la oculta causa no sé) tan ganados los afectos, que hemos de favorecer siempre tus hados.	55 60
Amaltea	Sí haremos, por ella, Epafo, y porque en las hijas del Aurora afecto adquieras tan fiel,	65
(Aparte.)	que han de valerte. (Y más yo, que de Eridano cruel, contigo el amor de Tetis	

11

	tengo de desvanecer.)	70
Faetón	Pues ya, divinas deidades, que hacéis vuestro mi interés.	
Epafo	Pues ya, divinas deidades, que tanto favor me hacéis.	
Faetón	Lógrese, al ver que en el mar allí descollar se ven.	75
Coro I	Cuatro o seis desnudos hombres de dos escollos o tres.	

(Descúbrese el mar con el escollo cerrado.)

Epafo	Lógrele, al ver que en la tierra los riscos que acercar veis.	80
Coro II	Hurtan poco sitio al mar, y mucho agradarle en él.	
Faetón	¿Escucháis desotra parte...	
Epafo	¿Desotra parte atendéis...	
Faetón	...otros coros?	
Epafo	...otras voces?	85
Galatea	Dríades deben de ser, que al concepto de sus hojas la saludarán también.	

Amaltea	Al compás de sus cristales	
	náyades serán, que hacer	90
	querrán silva a su hermosura.	

(Ábrese el escollo donde está Tetis sobre un pescado, y Clori en tercero de ninfas.)

Faetón	Pues aunque en favor estén	
	de Epafo, mi opuesto hermano,	
	cantad vosotras; porque	
	celosas ya de su ausencia,	95
	viendo el peñasco mover.	
Coro I	Cuando lo sienten las ondas,	
	batido lo diga el pie.	
Epafo	Pues aunque Eridano sea	
	a quien sus favores den,	100
	proseguid; porque la espuma	
	de envidia se vuelve al ver.	
Coro II	Que por boca de las piedras,	
	la agua repetida es.	
Faetón	Y pues ya mirar se deja,	105
	volved al acento.	
Epafo	Y pues	
	ya se permite mirar,	
	a la música volved.	
Coro I	Cuatro o seis desnudos hombres	
	de dos escollos o tres.	110

Coro II	Hurtan poco sitio [al mar, y mucho agradarle en él.]	
Faetón	No ceséis porque ellas canten.	
Epafo	Porque canten, no ceséis.	
Coro I y II	Cuánto lo sienten las ondas, batido lo diga el pie, que por boca de las piedras la agua repetida es.	115
Tetis	Ya que de fuentes y flores las hermosas ninfas veis, de Amaltea conducidas y de Galatea romper el aire en sonoro aplauso de mi vista, responded a sus canciones.	120
Clori	Sí haremos, y más al reconocer que para ser norte tuyo, de aquel monte en la altivez.	125
Coro III	Modestamente sublime, ciñe la cumbre un laurel.	130

(Bajan al tablado y ciérrase el mar.)

Tetis	Pues a su falda salgamos, obligadas de que esté.
Coro III	Coronando de esperanzas

	al piloto que le ve.	
Epafo	Ya que a mi ruego, divina	135
	Tetis, viendo amanecer	
	hoy al Sol del mar, y que hoy	
	en ti nace el día al revés;	
	ya que a mi ruego, divina	
	Tetis, te pido otra vez,	140
	con sus ninfas Amaltea	
	ufana, llega a ofrecer	
	sus triunfos; por ella, y no	
	por mí, los admite, en fe	
	de que corridas las flores	145
	apenas se atreven; pues,	
	como huyendo de tus labios.	
Coro II	Al sagrado de tus pies,	
	confusas entre los labios	
	las rosas se dejan ver.	150
Epafo	Bien que a tu vista pudieran	
	atreverse a parecer.	
Coro II	Bosquejando lo admirable	
	de su hermosura cruel.	
Faetón	No, que al revés sale el día,	155
	yo, bella Tetis, diré,	
	que donde amaneces tú,	
	es solo el amanecer;	
	mas diré que, al ruego mío,	
	agradecida también	160
	Galatea, sus cristales	
	te rinde en tributo, bien	

	como alma de sus países, en quien cada arroyo es.	
Música	Sierpe de cristal, vestida escamas de rosicler.	165
Faetón	O aquel lo diga, que huyendo de la nieve de tu pie.	
Coro I	Se escondía ya en las flores de la imaginada tez.	170
Tetis	Vuestras dos nobles lisonjas igual admito; que aunque en agradecer a dos peligra el agradecer, no en mí se entiende, que siendo quien soy, no puede correr riesgos de ser dividida la reconocida fe. ¡Pluguiera a Amor!; pero esto es mejor para después, que si respondiendo a entrambos, qué a tierra me trae, diré.	175 180
Coro III	Nubes rompiendo de espuma alado lino bajel.	
Tetis	Risco fácil, solo a dar sin favor y sin desdén.	185
Coro III	Señas de serenidad, si al arco de Amor se cree.	

Epafo	Quien sabe que no merece, merece en no merecer.	190
Faetón	Harto espera en esperar quien no espera merecer.	
Epafo	Conque a mi humildad le basta.	
Faetón	Conque le sobra a mi ser.	
Epafo	Que digan por mí las flores.	195
Faetón	Por mí las fuentes también.	
Coro I	Confusas entre los lirios las flores se dejan ver, bosquejando lo admirable de su hermosura cruel.	200
Coro II	Sierpe de cristal, vestida escamas de rosicler, se escondía ya en las flores de la imaginada tez.	
Tetis	Hasta acompañaros, yo os puedo favorecer; y así, en obsequio de tanta dulce salva, estimad que...	205
Coro III	Modestamente, sublime, ciñe la cumbre un laurel, coronando de esperanza al piloto que le ve.	210

Epafo	Con tal favor alentad.	
Faetón	A tal dicha responded.	
Tetis	Sea uniendo a sus dos coros la armonía de los tres.	215

(Todos los coros cantan.)

Coros	Cuatro o seis desnudos hombres de dos escollos o tres hurtan poco sitio al mar, y mucho agradable en él, cuando rompiendo de espumas, velero, sino batel.	220
[Voces] (Dentro.)	¡Al monte, al valle, a la selva!	
Todas	¿Qué ruido es este?	

(Salen huyendo Batillo, Silvia y villanos.)

Batillo	Corred, pastores.	
Silvia	Corred, zagales.	225
Voces (Dentro.)	¡Al risco, al valle!	
Faetón	Detén, Batillo, el paso.	
Epafo	Tú, Silvia, detén la planta también.	

Silvia	Yo lo hiciera, a no llevar otra gran cosa que her, que importa más.	230
Unos	¿Qué es?	
Silvia	Huir.	
Batillo	Yo lo hiciera, a no tener otra gran cosa, que es más mijor que esa.	
Otros	¿Qué es?	
Batillo	Correr.	
Todos	No os habéis de ir sin decirlo.	235
Silvia	Batillo, si ello ha de ser, si ves que turbiada estó, ayúdame tú.	
Batillo	Sí haré.	
Silvia	Ya sabéis que en este monte.	
Batillo	Monte en este ya sabéis.	240
Silvia	Pudo verse, ha muchos días.	
Batillo	Muchos se pudo ha días ver.	
Silvia	Una cruel fiera horrible.	

19

Batillo	Fiera horrible una cruel.	
Silvia	Que es dél el mortal asombro.	245
Batillo	El mortal asombro que es dél.	
Silvia	Ques sabiendo su terror.	
Batillo	Su terror sabiendo, pues.	
Silvia	Admeto, rey de Tesalia.	
Batillo	Tesalia Admeto de rey.	250
Silvia	De su valor persuadido.	
Batillo	Su valor suadido per.	
Silvia	Por ver si hay más que matalla.	
Batillo	Matalla si hay más por ver.	
Silvia	Fue al amanecer a caza.	255
Batillo	Fue a caza al amanecer.	
Silvia	A la primer, pues, batida.	
Batillo	Pues batida a la primer.	
Silvia	En la red cayó la fiera.	
Batillo	Cayó en la fiera la red.	260

Silvia	Romperla pudo feroz.	
Batillo	La pudo feroz romper.	
Silvia	Y correr, sin que ninguno.	
Batillo	Ninguno, y sin que correr.	
Silvia	La dé, ni dar pueda alcance.	265
Batillo	Alcance, ni darla dé.	
Silvia	Y haciendo cien mil estragos.	
Batillo	Tragos mil haciendo, y cien.	
Silvia	En cuantos a ver alcanza.	
Batillo	Alcanza en cuantos a ver.	270
Silvia	Se entró al monte, con que ambos.	
Batillo	Ambos al monte, con que.	
Silvia	Mos los dejamos allá.	
Batillo	Por siempre jamás, amén.	
Voces (Dentro.)	¡Al monte, a la cumbre, al llano!	275
Admeto	Talad, penetrad, romped su centro, que he de seguirla.	

Epafo	Hasta morir o vencer,	
	ya que las blandas delicias	
	de tierra trocar se ven	280
	en escándalos, pasando	
	a ser pesar el placer,	
	vuélvete, señora, al mar.	
Tetis	Cuantas veces escuché	
	de aquesta fiera el horror,	285
	tantas entre mí pensé	
	el ser quien libre a Tesalia	
	de sus asombros; y pues	
	me halla hoy en tierra el acaso	
	de haberla visto, no sé	290
	si el no conseguirlo pueda	
	acabar con mi altivez.	
	Diana a Delfinio mató	
	en el mar, que de hombre y pez	
	era monstruoso aborto;	295
	y si allá en las ondas fue	
	tridente el venablo, hoy tengo	
	en su oposición de ver	
	si el tridente también mío	
	venablo en sus selvas es.	300
	Y pues por aquella parte	
	la va acosando el tropel,	
	al guarecerse por esta,	
	la he de salir al través.	
	La que pudiere me siga.	305

(Vase.)

Todas   ¿Quién ha de dejarte?

Batillo   Quien
                    se estuviere queditito
                    como yo.

Silvia   Y aun yo también.

Epafo   Vivo escudo de su riesgo
                    delante della seré   310
                    a todo trance.

Faetón   Y yo y todo.

Amaltea   No harás tal.

Faetón   Suelta.

Amaltea   Detén,
                    el paso aleve; que no has
                    de seguirla tú.

Faetón   Si ves
                    que es empeño y cariño,   315
                    ¿cómo me he de detener
                    cuando otro hacia el riesgo va?

Amaltea   ¡Ha falso! ¡ha fiero! ¡ha cruel!
                    ¡Que a no ser cariño antes,
                    no fuera empeño después!   320

Faetón   Mal haces en apurar
                    a quien se disculpa, que es
                    querer que pase a grosero,
                    no mantenerle cortés.

23

Amaltea	¿Quién te ha dicho que no son	325
	grosería de peor ley	
	cortesías afectadas?	

Faetón Pues siendo así que a perder
yo nada voy, suelta, suelta.

Amaltea Sí haré, villano, sí haré;   330
que no es tuya, no, ¡ay de mí!,
la culpa, sino de aquel
que encontrándote sin más
padres que la desnudez
de hijo espurio de los hados,   335
piadosamente cruel
te crió con tantas alas,
como dicen la esquivez
con que desdeña deidad,
a quien Júpiter después   340
del imperio de las flores
dio la copia.

Faetón   Dices bien,
y pues de las flores fruto
somos los dos, yo al nacer
y tú al vivir, aprendamos   345
de ellas.

Amaltea   ¿Qué hemos de aprender?

Faetón Yo, que pueden ser mañana
pompas las que hoy sombras ves;
y tú, que hoy puedes ver sombras
las que eran pompas ayer.   350

(Vase.)

Silvia   Aprended flores de mí,
         nunca encajara más bien.

Batillo No todo se ha de glosar.

Amaltea ¡Oh, plegue al cielo, cruel,
         falso, fementido, aleve,   355
         sin lustre, honor, fama y ser,
         villano al fin, mal nacido,
         que esa soberbia altivez
         de tu presunción castigue
         su mismo espíritu!, y que   360
         della despeñado, digas...

(Dentro Admeto.)

Admeto   ¡Ay de mí, infeliz!

Amaltea   Mas ¿quién
         mis sentimientos prosigue?

Admeto   Diana, yo te ofrezco hacer
         sacrificio de la fiera,   365
         como tú amparo me des.

Silvia   Un hombre, a quien su caballo,
         rompiendo al freno la ley,
         de sí arroja.

Batillo   En el estribo
         mal engargantado el pie,   370
         le arrastra.

25

Silvia	Eridano, puesto delante, le hace torcer.
Batillo	Con que embazado en las matas el bruto, carga con él en brazos.
Amaltea	Tan noble acción ver no quiero, por no ver que de quien me trate mal nada me parezca bien.

375

(Vase y sale Faetón con Admeto en los brazos.)

Faetón (Aparte.)	(Perdone esta detención Tetis, que primero es el primer riesgo.) Ya estáis en salvo; alentad, volved en vos. Pero sin sentido ha quedado. Socorred, Bato, Silvia, aquesta vida en tanto que yo a correr en el alcance de Tetis al monte vuelvo. Cruel fortuna, no haya perdido, por un rigor una vez y otra por una piedad, la ocasión de merecer algo en su servicio.
Batillo	¡Buena carga nos deja, pardiez!

380

385

390

Silvia   ¿Qué hemos de her con él, Batillo?   395

Batillo   ¿Pues qué hay, Silvia, más que her
con un muerto, que dejalle
en la tierra?

Silvia   Dices bien,
y aun otra razón hay más.

Batillo   ¿Qué es?

Silvia   Que nunca he visto que esté   400
de humor un difunto para
entretenerse con él.

Voces (Dentro.)   Aquel ribazo atraviesa
la fiera.

Silvia   ¿Aquesto más?

Batillo   Ven
conmigo.

Silvia   Vamos.

Los dos   Seor muerto,   405
guarde Dios a su merced.

(Vanse y sale Epafo.)

Todos   ¡Al monte, a la cumbre, al llano!

Uno   Todos sus cotos corred,
que se ha perdido de vista

	entre la maleza el Rey.	410
Todos	¡Al llano, a la cumbre, al monte!	
Epafo	En la enmarañada red de troncos, peñas y jaras a Tetis perdí: no sé qué senda en su alcance siga.	415
Admeto	¡Ay de mí, infeliz!	
Epafo	Mas, ¿qué triste mísero lamento me suspende?	
Admeto	Socorred, cielos, mi vida.	
Epafo	¿Qué miro? La venerable vejez de un anciano caballero allí yace, al parecer fallecida; ¿qué valor no se mueve a socorrer a un afligido?	420
(Dentro Tetis.)		
Tetis	De mí mal te podrán defender, ni por lo veloz la planta, ni por lo feroz la piel.	425
Epafo	Mas ¿no es de Tetis aquella	

	voz? Tras sus ecos iré.	430
Admeto	¡Qué mal me aliento, ay de mí!	
Epafo	Pero llamado otra vez de aquel gemido, mal puedo dejar de acudir a él.	
Tetis	Seguirte tengo, horroroso monstro.	435
Epafo	Empeñada se ve, tras ella iré.	
Admeto	¡Ay infelice!	
Epafo	Mas ¿cómo puedo no ser piadoso con un anciano, siendo así que no escuché voz en mi vida que más me haya podido mover?	440
Tetis	Dioses, aliento me dad.	
Admeto	Cielos, mi vida valed.	
Epafo	Sí harán, pues en dos balanzas de amor y lástima, el fiel, a pesar de amor, declina a la lástima.	445
Admeto	Ya sé, valiente joven, que os debo la vida; que aunque al caer	450

	perdí el sentido, no tanto que no advertí, no noté vuestro socorro.	
(Dentro Eridano.)		
Eridano	El caballo despeñado está allí.	
Uno	Y él de un villano en brazos.	
(Sale Eridano y otros.)		
Todos	Danos a todos, señor, los pies.	455
Eridano	¿Qué ha sido esto?	
Admeto	Haber debido la vida a este joven; pues me despeñara, si no hubiera sido por él.	460
Epafo	Mi valor no ha de jactarse de acción que suya no fuese, y así, señor, advertid que a mí nada me debéis, sino haberme detenido. Y pues ya seguro os veis con mejor favor que el mío, perdonad; que voy a ver dónde otro empeño me llama.	465

Admeto	Oid, que hasta en no querer	470
	que le agradezca la acción,	
	generoso el joven es;	
	sabed quién es.	
Eridano	Hasta eso,	
	yo, señor, os lo diré.	
	Hijo es mío, y es verdad,	475
	pues son Eridano y él	
	hijos míos desde el día	
	que con ellos consolé	
	la pérdida de Climene.	
	Pero, ¡ah memoria!, no es	480
	esto para aquí.	
Admeto	Esperad	
	de mí, él y vos tal merced,	
	que iguale al servicio.	
Eridano	Solo	
	la que os quisiera deber,	
	es, señor, que a repararos	485
	en mi pobre albergue entréis,	
	si no por el más capaz,	
	por el más cercano.	
Admeto	Quien	
	le debió a un hijo la vida,	
	que os debe a vos será bien	490
	el hospedaje. Guiad,	
	ya que es forzoso hacer	
	del monte ausencia, hasta tanto	
	que pueda tornar a él	
	en demanda de esa fiera,	495

	que no tengo de volver
	sin ella a la corte.
Eridano	Creo
	que ya de ese empeño estés
	libre a estas horas.
Admeto	¿Cómo?
Eridano	Como a un villano escuché, 500
	que de los montes venía.
Admeto	¿Qué?
Eridano	Que Tetis bella, al ver
	que vos la seguíades, quiso
	seguirla, señor, también,
	y de su valor no dudo 505
	la alcance y la mate.
Admeto	Pues
	si ella se empeñó por mí,
	dejarla yo a ella no es bien.
	¡Al monte otra vez, monteros!
Todos	¡Al monte, al monte!

(Vanse, y sale Tetis, y Climene de pieles con bastón.)

Tetis	Otra vez 510
	vuelvo a decir que de mí
	librarte no has de poder,
	ni por lo fiero el semblante,
	ni por lo ligero el pie.

Climene	Pues ya que hacer has querido,	515
	Tetis, empeño, hasta que	
	el desaliento me obliga	
	a lidiar y no correr,	
	llega a embestirme. ¿Qué esperas?	
	¿Qué aguardas?	
Tetis	No sé, no sé;	520
	que más que fiera asombrabas,	
	me has asombrado mujer,	
	y al ver el rostro y oír	
	humana voz, cuanto fue	
	valor, es pasmo.	
Climene	Ya es tarde	525
	para pesarte de haber	
	tanto acosado mi vida.	
	Pues por lo mismo que ves	
	quién soy, me importa que no	
	puedas decirlo. Prevén	530
	el tridente, y no me yerres,	
	que en el punto que a perder	
	su arpón llegue el tiro, esta	
	cuchilla verás romper	
	tu pecho, y el corazón	535
	sacarte, porque después	
	de muerta, quedar no pueda	
	tan grande secreto en él.	
Tetis	Primero deste acerado	
	rayo el golpe... Pero ¿quién	540
	del labio me hurta la voz	
	y de la mano el poder?	

	Del desaliento, del pasmo	
	o la novedad del ver	
	más terror del que creí,	545
	me obligan a estremecer.	
	Vista, voz perdí y acción.	
Climene	Pues muere a mi mano.	
(Sale Faetón.)		
Faetón	Ten	
	el golpe, fiera.	
Tetis	¡Ay de mí!	
Faetón	Que primero que a ofender	550
	a Tetis llegues, sabrá	
	morir Eridano.	
Climene	¿Quién?	
Faetón	Eridano, y haber dicho	
	mi nombre estimo, porque,	
	sabido quién soy, no pueda	555
	atrás el valor volver.	
Climene	¿Tú eres Eridano?	
Faetón	Sí.	
Climene	¿Tú, a quien la anciana vejez	
	crió de Eridano, aquel río,	
	en cuya margen se ven	560
	los ganados que guardó	

| | Apolo, de Admeto rey
le dió el nombre que él te dio? |

| Faetón | Sí, yo soy, ¿qué admira? |

| Climene | Ver
a quien es todo mi mal   565
y a quien es todo mi bien. |

| Faetón | Escándalo destos montes,
si asombras a quien te ve,
¿qué harás a quien te ve y oye?
Y más llegando a crecer   570
tanto la admiración, cuanto
en humano parecer,
no solo la voz anima,
pero el enigma también.
¿Yo tu bien, y yo tu mal?   575 |

| Climene | Sí. |

| Faetón | Pues ¿quién eres? |

| Climene | No sé. |

| Faetón | ¿Cómo así... |

| Climene | Nada preguntes. |

| Faetón | ...vives? |

| Climene | No he de responder
sino solo que tú solo
hoy pudieras suspender   580 |

	mi furor, pues solo en ti	
	no tiene mi ira poder.	
	Y pues por ti vivo y muero	
	en aquesta desnudez,	
	este pasmo, este terror,	585
	este ceño, este desdén	
	del hado y de la fortuna,	
	cansancio, afán, hambre y sed,	
	no procures saber más;	
	que harto sabes en saber	590
	que tú eres todo mi mal	
	y tú eres todo mi bien.	

(Vase.)

Faetón   Oye, escucha, espera, aguarda,
que tan confusa preñez
de ideas y de ilusiones   595
imposibles de entender,
no es para no averiguado.
Y pues más el riesgo no es
de Tetis sin ti, tras ti
tengo de ir.

(Vase y sale Epafo.)

Epafo   Hacia aquí fue   600
donde de Tetis la voz
se oyó... Mas ¿qué llego a ver?
A manos sin duda, ¡ay cielos!,
del fiero asombro cruel,
muerta yace; ¡ay infeliz!   605
Tetis.

| Tetis | ¿Quién me nombra? |

| Epafo | Quien
mil vidas diera en albricias
hoy de la tuya. |

| Tetis | Ya sé,
¡oh, joven! lo que te debo;
pues aunque ciega quedé   610
a tanto espanto, bien vi
en la breve luz de aquel
crepúsculo de mi vida
que pudiste interponer
entre su acero y mi pecho   615
tu valor y... |

| Epafo | Advierte que
yo esta fineza no hice. |

| Tetis | Eso es volverla a hacer,
que duplica el obligar
quien corta el agradecer.   620 |

| Epafo | Cuando llegue. |

| Climene | Bien está.
Y aun estuviera más bien
si quien me hubiera amparado
fuera Eridano, y no él. |

(Salen por dos partes mujeres y hombres, y Admeto y Faetón.)

| Ninfas (Dentro.) | Hacia allí Tetis está.   625 |

Hombres (Dentro.)	Llegad todos.
Admeto	Detened el paso, porque primero llegue yo.
Faetón (Aparte.)	Pues ya observé dónde se ocultó, volvamos a donde a Tetis dejé. 630
Todos	Con bien te hallemos, señora.
Tetis	Y todas vengáis con bien.
Faetón (Aparte.)	Mas toda la gente en busca suya viene; hasta después calle, pues por ahora basta 635 el que tan cobrada esté.
Admeto	Sabiendo, hermosa y bella deidad del mar, que tu divina huella la tierra florecía; mas ¿cuándo el mar no es arbitrio del día?, 640 en tu busca he venido, a tanto altivo aliento agradecido, como haber penetrado lo oculto, lo horroroso, lo intrincado desta caduca esfera, 645 en heroica demanda de esa fiera que sus cotos espanta.
Tetis	A tanta honra, señor, a merced tanta, no respondo cual debo agradecida, hasta saber a quién; que inadvertida, 650

| | no es bien que sin estilos de la tierra |
| | yerre la voz lo que la acción no yerra. |

Eridano   Admeto el rey es de Tesalia.

Tetis   Ahora
                que mi atención no ignora
                con quién habla, los brazos   655
                me dé tu Majestad, de cuyos lazos
                será el nudo tan fuerte,
                que no le pueda desatar la muerte.

Admeto   Infelice la mía,
                si de un caballo, que me vi arrastrado,   660
                muerto quedara, sin haber logrado
                la suprema ventura
                de llegar a adorar tanta hermosura.
                Gracias a quien, valiente, de su ira
                me pudo rescatar.

Faetón   Hacia mí mira,   665
                conociome al caer; ¿quién ganó fama
                de que a su rey dio vida y a su dama?

Admeto   Que fue aquel joven; que deber confieso
                no menor deuda.

Faetón   Humilde tus pies beso
                por la merced, señor, de haberte dado   670
                por servido de mí, cuando del hado
                fue la dicha, y no mía.

Admeto   ¿Quién os dijo ser vos quien yo decía?

Faetón	Pues ¿quién?, si... cuando... yo...
Admeto	Quitad, villano. Llegad vos a mis brazos.

Epafo   Si mi hermano   675
el dueño fue desta feliz fortuna,
a él, señor, le premiad; que a mí ninguna
razón me asiste para que él no sea
quien preferido en vuestro honor se vea,
pues él pensad que es quien os dio vida.   680

Admeto   Hasta en esto mostráis cuánto lucida
la acción hacer queréis, partiendo ufano
la fama en vos, y el premio en vuestro hermano.
Yo le honraré también, mas no por eso
dueño le hagáis de tan feliz suceso.   685

Epafo   Yo.

Admeto   Bien está.

Faetón   ¿Habrá hado más impío?

Tetis   Pues no menos feliz, señor, fue el mío,
que siguiendo ligera
las veloces estampas de la fiera,
no sé si por desdicha o por ventura,   690
con ella cuerpo a cuerpo en la espesura
me hallé, con el terror de ver con rostro
humano, humana voz, tan fiero monstro,
sobre mi desaliento,
turbó la vista y perturbó el acento,   695
tanto que fallecida,

	estrago fuera de su horror mi vida,	
	si ese joven...	
Faetón	Como esto no se pierda,	
	piérdase lo demás.	
Tetis	Según concuerda	
	hallarle allí con lo que vi primero,	700
	entre mis devaneos y su acero	
	no interpusiera osado	
	en mi defensa su valor.	
Faetón	Si el hado	
	movido de mi queja,	
	ya que aquel bien me quita, este me deja,	705
	piadoso anda conmigo.	
Tetis	Pues ¿quién os dijo que por vos lo digo?	
Faetón	Quien sabe...	
Tetis	En todo introduciros vano	
	queréis. ¿Por qué os vais vos?	
Epafo	Porque mi hermano,	
	sin que yo me atribuya	710
	fineza que no es mía, sino suya,	
	logre también...	
Tetis	Pues nadie ha ignorado	
	quién de una y otra es dueño, es escusado	
	tanta modestia en vos.	
Admeto	Y mal fundada en vos tanta locura.	715

Faetón	¡Hay más pena!
Admeto	Y volviendo a la ventura,

                       bella Tetis, de hallarte
                       en estos montes, he de suplicarte
                       que dejando el horror para otro día,
                       se convierta el de hoy en alegría.   720
                       Ven, pues, donde celebre mi grandeza
                       la huéspeda feliz de tu belleza.

Tetis   Tus honras recibiera,
                       si de volver al mar hora no fuera;
                       que ya declina el Sol, y así te pido   725
                       licencia de ausentarme.

Admeto   Habiendo sido
                       esa tu voluntad, no he de impedilla;
                       mas téngala de ir hasta la orilla
                       sirviéndote, Amaltea
                       divina, soberana Galatea,   730
                       logren vuestros primores
                       las músicas de fuentes y de flores.

Amaltea   Sí haré. En albricias yo de cuán dichoso,
                       Eridano has quedado y cuán airoso.

Galatea   Sí haré. En albricias yo de cuán dichoso,   735
                       Eridano has quedado y cuán airoso.

Eridano   Que anduvieras tan necio no creyera:
                       dejaras la ventura a cuya era.

Faetón   Solo esto me faltaba.

Tetis	Vamos, que el Sol ya su carrera acaba.	740
Admeto	Cantad, pues, venid, y tú a mi lado, joven, no ya por ser quien me haya dado vida a mí, sino a Tetis; pues por ella crece la inclinación hoy de tu estrella, tanto, que al verte, cada vez sospecho que un nuevo corazón le das al pecho.	745
Epafo	Si la suerte porfía, diciendo yo cúya es, ha de ser mía, gócela; que traición no habiendo alguna, no he de echar en la calle mi fortuna.	750
Faetón	Poca envidia me diera aquel engaño, si este no temiera.	
Tetis	Pues quedaos, que no quiero oír aquel ni este, cuando considero cuán poco honor arguye. Y a poder detenerme, hubiera sido solo a deciros lo que habéis perdido; pero esto baste, Clori, con tu coro acompaña a los dos.	755
Clori	Que sea no ignoro la letra que acompañe esos extremos.	760
Todas	Empieza tú, que todas seguiremos.	
Clori (Cante.)	Los casos dificultosos.	
Todas	Los casos dificultosos.	

Clori	Con razón son envidiados.	
Todas	Con razón son envidiados.	765
Clori	Inténtanlos los osados.	
Todas	Inténtanlos los osados.	
Clori	Y acábanlos los dichosos.	
Todas	Y acábanlos los dichosos.	

(Éntranse todos cantando, queda Faetón.)

Faetón	¿Los casos dificultosos	770
	y con razón envidiados,	
	inténtanlos los osados	
	y acábanlos los dichosos?	

(Salen Batillo y Silvia.)

Silvia	Pues ves, Bato, cuánto Dios	
	mejoras las horas, puesto	775
	que todo antes era espantos,	
	y ahora todo es contentos,	
	vamos hancia allá los dos,	
	para saber qué hay de nuevo	
	que obligue a trocar asombros	780
	en músicos instrumentos,	
	ya de la fiera olvidados.	
Batillo	Ve tú, que para saberlo,	
	no he menester yo ir allá.	

Silvia	¿Pues sábeslo tú?	
Batillo	Y que es cierto.	785
Silvia	¿Y qué es causa?	
Batillo	¿No andaban por aquesos vericuetos todos tras la fiera?	
Silvia	Sí.	
Batillo	Pues dime, boba ¿quién, viendo las hermosas, no se olvida de las fieras?	790
Silvia	Calla, necio, y si no quieres venir, quédate, que yo iré a verlo.	
Batillo	Eridano, que aquí solo quedó lo dirá: yo llego.	795
Silvia	Galán Eridano, dinos, por otra tal... Mas sospecho no me oye.	
Batillo	En pie, como mula de alquiler, se está durmiendo. Mire lo que le decimos.	800
Los dos	¡Hola! ¡aho!	

Faetón	¡Valedme, cielos! que a tanta pena no hay ya ni valor ni sufrimiento.
Silvia	¡Ay, que me ha despachurrado!
Batillo	¡Ay, que a mí no más me ha muerto! 805
Faetón	¿Quién está aquí?
Silvia	Quien quisiera no estarlo.
Batillo	Ni oírlo ni verlo.
Faetón	Silvia, Batillo, ¿qué hacíais aquí?
Batillo	Ponernos a tiro de tus puñadas.
Faetón	¿No fuisteis 810 los dos, hoy muero, los que visteis que yo fui el que dio la vida a Admeto al caer del caballo?
Batillo	¡Y cómo!
Silvia	Por aquestos ojos mesmos. 815
Faetón	Pues ¿cómo, villanos, cómo no le dijisteis oyendo que a Epafo se atribuía?

Batillo	La disculpa que tenemos	
	de no haberlo dicho, es.	820
Faetón	¿Qué es la disculpa?	
Batillo	Que viendo	
	detrás los dos de unas ramas	
	escondidos y encubiertos,	
	que diste la vida a Tetis,	
	entra ella y la fiera puesto,	825
	tampoco no lo dijimos,	
	y fuera gran desacierto	
	decir lo uno sin lo otro.	
Silvia	Y de que no lo diremos	
	esté seguro, por más	830
	que nos lo pescuden.	
Faetón	Buenos	
	testigos me dio mi dicha.	
	¡Ha infames, viles!, ¿qué espero	
	que no os hago mil pedazos?	
Los dos	El que acá queramos serlo.	835
(Sale Epafo.)		
Epafo	Eridano.	
Faetón	¿Qué me quieres?	
Epafo	Ansioso a buscarte vengo,	
	en tanto que Admeto y Tetis	

	con festivos cumplimientos	
	se despiden.	
Faetón	¿Y a qué fin?	840
Epafo	De que sepas que no puedo	
	consolarme de tener	
	prestados merecimientos,	
	que hizo míos el acaso,	
	que mal pudiera el intento;	845
	pues no fue ni fuera mío,	
	cuando sé que es argumento	
	de que no los tiene propios	
	quien usa de los ajenos.	
	No tener uno una dicha	850
	no es culpa del valor; pero	
	tenerla mal adquirida,	
	es fiar poco de su esfuerzo.	
	Y así, dejando a una parte	
	el que compitamos necios	855
	un amor tan desigual,	
	que lo alto deste empleo	
	no pasa de adoración,	
	en cuyo común obsequio,	
	viendo de balde, aun no	860
	paga la esperanza el viento.	
	Vamos a que hermanos somos,	
	y desairar no podemos	
	uno a otro; y si el acaso,	
	como antes dije, lo ha hecho	865
	sin la intención, mira cómo...	
Faetón	No prosigas, que no quiero	
	de ti ninguna hidalguía;	

	y antes que goces me huelgo	
	estos desperdicios míos.	870
	Y adelante, te aconsejo	
	que no me pierdas de vista,	
	para que, como yo haciendo	
	vaya heroicos hechos, tú	
	te vayas honrando dellos.	875
Epafo	No merece esa respuesta	
	esta atención.	
Faetón	Ya yo veo	
	que si hubiera de tener	
	la que merece el grosero,	
	falso trato tuyo, fuera...	880
Epafo	¿Qué fuera?	
Faetón	Rómpete el pecho	
	tan en átomos, que fueras	
	vil desprecio del viento.	
Epafo	Si hasta aquí con mi modestia	
	cumplido he con lo que debo,	885
	no sufriré desde aquí	
	de tu siempre altivo, fiero	
	espíritu otro desaire.	
Faetón	Pues ha de ser el postrero,	
	sea haciéndote pedazos.	890
Los dos	Que se matan.	

(Sale Eridano.)

Eridano	¿Qué es aquesto?	
Los dos	Que se matan.	
Faetón	¿Qué ha de ser? Acabar mis sentimientos de una vez con todo.	
Eridano	Tente, tente tú.	
Epafo	Ya yo obedezco.	895
Faetón	Yo no, y aqueste puñal...	

(Saca Faetón a Eridano el puñal que trae en la cinta.)

Los dos	Que se matan.	
Eridano	Tente, fiero.	
Faetón	Será quien me dé venganza.	
Los dos	Que se matan.	
Eridano	El acero suelta.	
Faetón	No haré.	
Epafo	Sí harás tal.	900
Los dos	Que se matan.	

Admeto (Dentro.)	¿Qué es aquello?
Eridano	Ved que el Rey, dejando a Tetis ya en el mar, viene a los ecos de esos bárbaros villanos.
Faetón	Antes que llegue.
Todos	¿Qué es esto? 905
Los dos	Que Eridano con su padre y hermano riñe.

(Salen Admeto, Amaltea, Galatea y gente.)

Admeto	Teneos.
Galatea	Quiera el amor que resulte contra Eridano el estruendo.
Amaltea	Que resulte contra él 910 la culpa, quieran los cielos.
Admeto	Villano, atrevido, loco. ¡Vos, con tanto atrevimiento, puñal contra vuestro padre!
Eridano	No, señor, que antes es cierto 915 que el puñal es mío.
Admeto	Soltad todos, que en mi mano quiero que quede depositado,

51

	como previsto instrumento	
	de mi justicia, cuando él	920
	sea quien divida el cuello	
	de quien se atrevió a su padre;	
	y así en mi poder, ¡qué veo!	
	ha de quedarse, ¡qué miro!	
	guardado. Sí, él es, es cierto,	925
	que no me engañara a mí	
	la anagrama de Peleo.	
	¿Cúyo es aqueste puñal?	
Eridano	Mío, señor.	
Admeto	¡Válgame el cielo! ¿Quién os le dio?	
Eridano	Una mujer.	930
Admeto	¿Dónde está?	
Eridano	Días ha que ha muerto.	
Admeto	¿Dónde os le dio?	
Eridano	En la plaza.	
Admeto	¿En qué ocasión?	
Eridano	En un riesgo.	
Admeto	¿Quién era?	
Eridano	No sé quién era.	

Admeto	¿Qué os dijo al darle?	
Eridano	Secreto se quedó lo que me dijo.	935
Admeto	¿Cómo?	
Eridano	Como a un mismo tiempo fue darme aqueste puñal y dar el último aliento.	
Admeto	¿Quién la trujo aquí?	
Eridano	Un barquillo.	940
Admeto	¿De dónde venía?	
Eridano	No puedo decirlo.	
Admeto	Pues ¿cómo fue verla y hablarla?	
Eridano	Oye atento. A esa procelosa orilla del Eridano soberbio, vasallo del mar, que baja a darle en Tesalia el feudo; a esa procelosa orilla, otra vez a decir vuelvo, del Eridano, de quien, por los frutos que a ella tengo, o porque de Diana en ella soy ministro de su templo,	945 950

tomé el nombre, que también
en Eridano conservo;   955
corriendo llegó fortuna,
cascado, roto y deshecho
un destrozado barquillo,
que sin vela, jarcia o remo,
encallado en las arenas,   960
tomó, como pudo, el puerto.
Yo, que había aquella aurora,
si ahora la verdad confieso,
salido a buscar a Apolo,
por ser en el mismo tiempo   965
que del cielo desterrado
Júpiter le tenía, a efecto
de castigar la osadía
de haber sus cíclopes muerto.
Y yo solamente era   970
dueño de tanto secreto,
como que pastor guardase
tus ganados, por quien luego,
perdonado, se llamó
sagrado pastor de Admeto.   975
En fin, saliendo una aurora
que ahora no importa esto,
puse en el barco los ojos,
como bajel extranjero
destas playas, pues no era   980
pescador alguno nuestro.
Y cuando más discursivo
le estaba desconociendo,
oí que tímidos se oían
mortales gemidos dentro.   985
Curiosidad o piedad
o inspiración de los cielos,

que a nosotros no nos toca
averiguar sus intentos,
me hicieron que en otro barco 990
a bordo llegase; y viendo
que una mujer sola era,
con un bello infante tierno
en los brazos, la afligida
alma de todo aquel cuerpo, 995
entré en él, diciendo: «Triste
susto del hado, ¿qué es esto?
Ser infeliz, respondió:
y pues en vos, noble viejo,
los dioses la apelación 1000
otorgan de mis lamentos,
este puñal y este niño
tomad; que quizá habrá tiempo
que no os pese, con uno
y otro vais...»; y a decir esto, 1005
espiró, con que no supe
a quién, cómo, cuándo, siendo
jeroglífico la barca
del nacer y el morir, puesto
que constaba de un cadáver, 1010
un infante y un acero.
En esta pues confusión,
lo que hice fue dar atento
al cadáver sepultura,
al infante crianza, y dueño 1015
al acero, que fui yo;
pues desde aquel punto mesmo
no le quité de mi lado,
como esperando que el cielo,
si hay misterio en estas cifras, 1020
que yo ni alcanzo ni entiendo,

	en su grabazón talladas, diga cuál es el misterio.	
Admeto	Sí dirá, si hay para qué decilo; que si no, menos importa que esté callado: y así, decid lo primero si ese infante vive.	1025
Eridano	Sí, señor, y aun lo está oyendo sin saber que lo es.	
Admeto	Pues antes que yo lo sepa, oid atentos. En las guerras que Tesalia tuvo con la isla de Lemnos, en un trance de fortuna	1030
	quedé, iay de mí!, prisionero yo de Anfión su rey, en cuya tiranía más consuelo no tuve que los favores (icon cuánto dolor me acuerdo!)	1035
	de Erífile, bella hija suya, a quien di de secreto, porque Anfión nunca quiso con el aborrecimiento de nuestro heredado odio	1040
	dar plática al casamiento, fe y mano de esposo. En este estado supo que fiero darme la muerte intentaba su padre con un veneno,	1045
	para invadir más seguro	1050

sin mí de Tesalia el reino,
y restaurando el peligro,
en el nocturno silencio
puesta una escala en la torre,
y en el mar un barco puesto,　　　　1055
me dijo: «Salva la vida,
señor, que en mi desconsuelo
me basta que en mis entrañas
me quede un retrato vuestro.
Si el cielo le diera la luz,　　　　1060
y amparado del secreto
escapare de otras iras,
a vos irá, por acuerdo
de la deuda en que vos vais,
y el peligro en que yo quedo».　　　　1065
Dejemos aquí ternezas,
ansias, penas, sentimientos,
que a la vista de las canas,
como perdidos, es cierto
que se avergüenzan los años　　　　1070
de haber pasado tan presto;
y vamos a que no tuve,
pobre allí, afligido y preso,
otra prenda más a mano,
ni de más valor ni precio　　　　1075
que ese puñal, para seña
(que por ser de extraño maestro,
no fácil de contrahacer,
aseguraba otros riesgos)
de que quien con él viniese,　　　　1080
traía escrita en sus aceros
la carta de más creencia
para mi conocimiento.
Ausenteme, y confidentes

	después, ¡ay de mí!, escribieron	1085
	que el hurto de amor sabido	
	de su padre, en el primero	
	horóscopo de la vida	
	del mísero infante tierno,	
	con lo agravante de ser	1090
	yo de su esclavitud dueño,	
	y ella de mi libertad,	
	creció el aborrecimiento	
	tanto, que a su vista entrambos,	
	dando a un barquillo un barreno,	1095
	mandó echar al mar, en cuyo	
	(no culpéis que me enternezco)	
	conflito no se olvidó	
	de mí; dígalo el efeto	
	de haber sacado el puñal	1100
	por penate de su incendio.	
	Y pues el cielo ha querido	
	que a mis manos haya vuelto	
	por tan no esperado acaso,	
	¿quién duda que quiere el cielo	1105
	que no pague el inocente	
	yerros del culpado, atento	
	quizá que los del amor	
	son los más dorados yerros?	
	¿Dónde pues esta ese joven?	1110
Eridano	Antes que lo diga, al cielo	
	hago testigos, y a cuantos	
	dioses contienen su imperio,	
	astros, Sol, Luna y estrellas,	
	aire, agua, tierra y fuego,	1115
	de que diré la verdad,	
	o fáltenme todos ellos.	

	Y así, Eridano...	
Admeto (Aparte.)	¿Quién duda que era yo?	
Eridano	Aunque en mis afectos fue el preferido, perdone; que de ese puñal el dueño Epafo es.	1120
Admeto	Ya lo había dicho el corazón acá dentro, desde el punto que me dio la vida su noble esfuerzo. Llégate, Epafo a mis brazos.	1125
Epafo	Aun tus plantas no merezco.	
Faetón (Aparte.)	¡Esto más, fortuna mía!	
Admeto	¡Cuánto de que él sea me huelgo!	
Galatea (Aparte.)	¡Y cuánto me pesa a mí de que él no sea!	1130
Admeto	Y supuesto que con más solemnidad que el teatro de un desierto, te han de admitir mis vasallos por mi hijo y mi heredero, conmigo a la corte ven, donde te aclame mi reino príncipe suyo, trocando de Epafo el nombre en Peleo,	1135

	que es el que en este puñal	1140
	la grabazón tiene impreso,	
	como nombre de mi padre,	
	que fue su primero dueño.	
	Ven, pues, y todos decid:	
	¡viva el príncipe Peleo!	1145
Silvia	¿A ser príncipe le llevan?	
Batillo	Pues ¿de qué es el sentimiento?	
Silvia	¿Qué sé yo si es bueno o malo?	
Batillo	Tan bueno es y tan rebueno,	
	que un príncipe basta a ser	1150
	alborozo de su reino.	
Silvia	Si es así, digamos todos:	
	¡viva el príncipe Peleo!	
Epafo	Conmigo, Eridano, ven,	
	que aunque ya otro padre tengo	1155
	siempre hijo de tu amor	
	he de ser.	
Eridano	Así lo creo	
	de tu valor.	
Epafo	Ven tú, hermano,	
	conmigo.	
Faetón	No quiero.	
	Goza tus dichas sin mí.	1160

Amaltea	Bien haces en no ir a objeto ser de la envidia.
Faetón	Pues ¿quién te ha dicho que yo la tengo? Cuando pienso que soy más, me valgo yo mí mesmo. 1165
Amaltea	Pensamiento de amor propio no pasa de pensamiento.
Faetón	Sí pasa, cuando se funda en altos merecimientos.
Amaltea	¿Dónde están?
Galatea	En él, y cuando 1170 no estén, ¿es estilo cuerdo afligir al afligido?
Amaltea	Pues ¿quién te mete a ti en eso?
Galatea	Natural amor no más, que hijas del Sol, le tenemos 1175 las náyades; que no nace este generoso afecto de otra causa, como nace ese odio de otros premios.
Amaltea	Mísera deidad de vidro, 1180 sujeta a prisión de yelo.
Galatea	Caduca deidad de flores, sujeta a embates del cierzo.

Amaltea	¿Tú competencias conmigo?	
Galatea	Dices bien que no puedo competirte, que no es competencia el vencimiento.	1185
Amaltea	Pues llega a mis brazos.	
Galatea	Llega a los míos.	
Faetón	Deteneos.	
Amaltea	Este acero.	
Galatea	Este puñal.	1190
Las dos	Dirá.	
Faetón	Mal podrá, que en medio he de ser blanco de entrambas.	
Amaltea	Ya lo eres de mis desprecios.	
Galatea	Ya lo eres de mis favores.	
Faetón	Veo.	
Las dos	Aparta.	
Faetón	¿No habrá, ¡cielos!, quien entre opuestas deidades a quien odio y amor debo,	1195

	el duelo divida?	
Música	Sí, hasta que se llegue el tiempo de saber si es tu fortuna amor o aborrecimiento.	1200
Galatea	¿Quién me arrebata? Mas ¿cuándo no fue vapor mi elemento?	
Amaltea	¿Quién me lleva? Pero yo ¿cuándo al aire no obedezco?	1205
Faetón	Sin saber quién las divide, faltan: ¿hasta cuándo, ¡cielos!, mi vida ha de ser prodigios? Mas, que me respondió el eco que a ellas aparta, pues dijo...	1210
Él y Coro III	Hasta que se llegue el tiempo.	
Música	De saber si es mi fortuna amor o aborrecimiento.	

Fin de la primera jornada

Jornada segunda

(Salen Tetis, Doris y las ninfas.)

Doris   Desde el día que de Admeto,
señora, en esta ribera
te despediste, tan triste
que no has tenido en su ausencia
hora de alivio, juzgara   5
que no volvieras a ella
jamás.

Tetis   Bien juzgarás, Doris,
y más si con mi tristeza
consultaras la razón
que tengo de aborrecerla,   10
pero no siempre se sale
el valor con lo que intenta.

Doris   Eso y lo que yo imagino,
casi es una cosa misma.

Tetis   ¿Qué imaginas?

Doris   Que no puedes   15
acabar con la suprema
altivez de tu constancia
el no volver a estas selvas,
corrida de no haber dado
muerte a la sañuda fiera,   20
ya que con ella te viste
cuerpo a cuerpo en la desierta
campaña del monte, a cuya
causa, sin otra grandeza

	que el silencio con que hoy	25
	llegar a su falda intentas,	
	dejas el mar, como dando	
	a entender que no se sepa	
	tu venida, porque nadie	
	te acompañe, ni se deba	30
	a otro que a ti tu trofeo.	
Tetis	¡Ay, Doris mía! Aunque fuera	
	esa mi mayor razón,	
	mi mayor razón no es esa.	
	A esta playa vuelvo solo	35
	a divertir mis tristezas,	
	por ver si donde ganarlas	
	pude, pudiese perderlas.	
	No de la fiera el empeño	
	me trae, que no fácil fuera	40
	sin más batida encontrarla;	
	y puesto que sola es esta	
	la causa, cogiendo vamos	
	de las doradas arenas,	
	nácares y caracoles,	45
	corales, conchas y perlas.	
Una	¿Quieres, pues solo es, señora,	
	la diversión de tus penas	
	asunto de tu venida,	
	que algún tono te divierta?	50
Tetis	Sí, cantad, y por aquí	
	vamos tomando la vuelta,	
	iré yo al compás, ¡ay triste!,	
	de las blandas voces vuestras,	
	glosando con mis suspiros	55

	las cláusulas. ¿Quién creyera	
	que a mí me diera cuidado?	
	¿Cuidado? Errolo la lengua,	
	pesar... Pero ¿qué es pesar?	
	Enfado, ahora lo acierta.	60
	Y ya que di con el nombre,	
	¿quién creyera que me diera	
	enfado que a socorrerme	
	no fuera Eridano, y fuera	
	Epafo? Y enfado tal,	65
	que a pesar de mi soberbia,	
	mi presumpción, mi arrogancia,	
	me obliga que a buscar venga	
	ocasión (por eso dije	
	que canten; porque se sepa	70
	que estoy aquí) de decirle,	
	ya que entonces en presencia	
	de tantos no pude, ¿cuánto	
	me dio en rostro la bajeza	
	de querer hurtar la dicha,	75
	o por lo menos ponerla	
	en duda de deslucirla,	
	sin la ventura de hacerla?	
	Pero si esto solo es	
	un enfado, acción es necia	80
	pensar tanto en él. Cantad,	
	y tras mí venid.	
Doris	¿Qué letra	
	quiere que cante, señora?	
Tetis	Vuelve a repetir aquella	
	de osados y de dichosos,	85
	que no hay otra que convenga	

	más a mi intento, pues vi	
	que uno ose y otro merezca.	
(Vase.)		
Una	No la dejemos, en tanto	
	que Doris la lira templa.	90
Doris	Ya yo os sigo.	

(Sale Faetón y Batillo, de soldados.)

Faetón	Ya, Batillo,	
	que por mí la patria dejas,	
	y en hábito de soldado	
	seguir mi fortuna intentas,	
	desas pajizas cabañas,	95
	miserables cunas nuestras,	
	desde aquí nos despidamos	
	a nunca volver a verlas,	
	no volviendo sino llenos	
	de triunfos, trofeos y empresas	100
	por nuestro valor ganados.	
Batillo	Linda cosa será esta	
	de no volver sin rellanos	
	de tufos, tresfeos y prensas,	
	ganado por nueso olor.	105
Faetón	Ingrata patria primera,	
	a quien apenas debí	
	el nacer, pues nací apenas.	
Batillo	Ingrata pata segunda	

	de Silvia, a quien más de treinta mil patadas te debí.	110
Faetón	A mi última voz atenta.	
Batillo	Atenta a mi última coz.	
Faetón	Oye de mí esta protesta.	
Batillo	De mí esta por esta oye.	115
Faetón	Palabra doy a tus selvas.	
Música (Dentro.)	Los casos dificultosos.	
Faetón	Pero ¿qué música es está?	
Música	Y con razón envidiados.	
Batillo	Hancia aquella parte suena.	120
Música	Inténtanlos los osados.	
Faetón	La voz conozco y la letra.	
Música	Y acábanlos los dichosos.	
Faetón	Pero qué mucho ser ella, si es un torcedor del alma, que repetida me acuerda adonde otra vez caí, para que otra vez la sienta.	125
Batillo	Y porque nos da las voces	

	la que a muchos oídos llega,	130
	mas también a muchos ojos	
	las que les chillan.	
Faetón	Con ellas	
	Tetis viene, a cuya vista,	
	por una parte me alienta	
	mi verdad, por otra parte	135
	me acobarda la vergüenza	
	de lo que creyó de mí.	
	¡Oh quién a un tiempo pudiera	
	hablarla, ay Dios, sin hablarla,	
	y verla, ay de mí, sin verla!	140
Batillo	Pues uno y otro es bien záfil.	
Faetón	¿Cómo?	
Batillo	Hablándola por señas,	
	sin hablarla la hablarás,	
	y viéndola por vidriera	
	que no sea cristalina,	145
	también la verás sin verla.	
Faetón	Calla, loco.	

(Vuelven Tetis y las Músicas.)

Tetis	Repetid	
	la canción; pero suspensa	
	(no me ha sucedido mal)	
	la dejad, hasta que vea	150
	quién tan atrevido al paso	
	está.	

Faetón	Quien no es la primera
vez que el acaso le trueque
las venturas en ofensas.
Tetis	¿Vos sois? Desconocí el traje, 155
por eso os extrañé. Vuelva
el tono, que no es quien puede
merecer ni aun la advertencia
de si estaba aquí o no estaba.
Faetón	Vuelva el tono norabuena, 160
que ninguno dirá más
por mí lo que yo dijera,
que él mismo.
Tetis	¿Que él mismo?
Faetón	Sí, señora.
Tetis	¿De qué manera
Faetón	De la pena.
Tetis	Cantad, no 165
presuma que yo le atienda.
Música	Los casos dificultosos.
Faetón	De la pena y la alegría,
de la vida y de la muerte
medir las líneas un día 170
quiso el hado; y en la suerte

	se logró de Epafo y mía,	
	viendo cuánto rigurosos	
	para mí, para él piadosos,	
	en deslucir y premiar	175
	se saben facilitar.	
Música y todos	Los casos dificultosos.	
Una voz	Y con razón envidiados.	
Faetón	Al rayo del Sol se mira	
	ser la vista ceguedad,	180
	pues ¿quién en el hombre admira	
	que peligre una verdad,	
	si aún hay en el Sol mentira?	
	Ya a otra luz nuestros hados	
	se miraron confundidos,	185
	siendo méritos trocados	
	de mí sin razón tenidos.	
Todos	Y con razón envidiados.	
Una sola	Inténtanlos los osados.	
Faetón	Tenidos, pues dueño fui	190
	suyo; envidiados, pues vi	
	pasar a otro con que infiero	
	que soy el hombre primero	
	que tuvo envidia de sí.	
	Y si méritos buscados	195
	no son premios de una fe,	
	y merecen más hallados	
	que adquiridos, ¿para qué...	

Todos	Inténtalos los osados.	
Una sola	Y acábanlos los dichosos.	200
Faetón	No es la razón que me aflige porque vos lo agradezcáis, sino porque yo lo dije. Y pues a la mira estáis de lo que un error colige, dadme albricias, perezosos de amor: favores divinos hoy tan felizmente ociosos, que los empiezan los finos.	205
Tetis	Y acábanlo los dichosos.	210
Faetón	Y pues mi intento no es más, señora, de que se crea que puedo ser desdichado y no ruin, dadme licencia de que (pues con vos no hablaba, sino con mi patria) pueda proseguir lo que decía cuando llegasteis.	215
Tetis	Pues esa ¿vos no la tenéis sin mí?	
Faetón	Sí, mas hay gran diferencia, que tenerla concedida es algo más que tenerla.	220
Tetis	¿Qué falta la mía os hará, si os bastaba antes la vuestra?	

Faetón	La de cierta circunstancia,	225
	que quizá pasará a esencia.	
	Ingrata patria, decía,	
	que fuiste cuna primera	
	de quien apenas nació	
	de ti, cuando nació apenas.	230
Batillo	Yo también, ingrata pata,	
	decía.	
Faetón	Apartarte, y espera	
	allí.	
Batillo	Como entré en la danza,	
	pensé que entraba en la cuenta.	
Faetón	Si espurio aborto del hado	235
	me arrojaron a las puertas	
	de quien piadoso me dio	
	de hijo el nombre, sin que sepa	
	de mí más de que nací,	
	en cuya fortuna mesma	240
	naciendo Epafo, la dicha	
	la halló en un puñal envuelta,	
	y tan grande, que admirada	
	lo oyó Tetis en su esfera,	
	que ya, príncipe Peleo,	245
	la da el reino la obediencia;	
	¿qué mucho que yo, mirando	
	mi suerte a la suya opuesta,	
	ya que no la tengo hallada,	
	buscada intente tenerla,	250
	porque a los ojos de Tetis?	

Tetis	Detén, villano, la lengua.	
Faetón	¿De qué te ofendes, señora?	
Tetis	¿De qué quieres que me ofenda sino de que hablarme a mí tan libremente te atrevas?	255
Faetón	¿Yo a ti? con mi patria hablando me hallas, has dicho tú mesma que para hablar con mi patria yo me tengo la licencia.	260
Tetis	Pues si es a ella y no a mí, proseguid, hablad con ella.	
Faetón	Y pues hijos de fortuna fuimos próspera y adversa, ya que no la espero hallada, buscada he de pretenderla, porque a los ojos de Tetis tan airoso algún día vuelva, que se decida en los dos la argüida competencia que hay del hacerse la dicha uno, al hallársela hecha. Y así la palabra os doy, fuentes, ríos, mares, selvas, montes, prados, cumbres, valles, plantas, flores, riscos, peñas, de no volver a tus ojos hasta que por mí merezca que Tetis se desengañe	265

270

275 |

	de que quien por sí se alienta	280
	a adquirir eterna fama	
	no se achacará la ajena.	
Tetis	¿Eso es hablar con la patria?	
Faetón	Claro está.	
Tetis	Pues si por ella	
	soy yo quien la escucha, dadme	285
	licencia a mí de que sea	
	la que por ella responda.	
Faetón	¿Vos no os la tenéis?	
Tetis	Quisiera	
	que el tenerla concedida	
	fuera algo más que tenerla.	290
Faetón	¿Qué falta os hace la mía,	
	si vos os tenéis la vuestra?	
Tetis	Ignorado hijo del viento,	
	que solo a tanta soberbia	
	él pudiera dar las alas,	295
	no me amenace tu ausencia;	
	que si vas a ganar fama,	
	¿por qué de Tetis esperas	
	el más descuidado aprecio?	
	Es en vano, y...	
Faetón	Ten la lengua,	300
	no desahucies la esperanza	
	de un infeliz que no lleva	

	otro caudal ni otro alivio.	
Tetis	¿Quién te ha dicho que yo sea quien la desahucié, puesto que es voz de mi patria esta, y no mía?	305
Faetón	Pues si es suya, no tengo por qué temerla: prosigue.	
Tetis	Pues cuando más el hado te favorezca, poco mérito te añade; que las deidades supremas de una misma suerte miran al valle que la eminencia. Tan lejos del Sol está el que en la cumbre se asienta, como el que en la falda yace, porque la distancia mesma es átomo el monte, que ni la alarga ni la abrevia. Y cuando de la fortuna huelles la cerviz suprema, del Sol no estarás por eso ni más lejos ni más cerca.	310 315 320
Faetón	¿Mi patria dice eso?	
Tetis	Sí.	325
Faetón	Nunca la vi lisonjera si no es hoy.	

Tetis	Pues ¿qué lisonja halláis en esta respuesta?
Faetón	Que aunque me imposibilita, por lo menos me aconseja que no me ausente, que es como decirme que hay quien lo sienta.

330

Tetis	Mirad que habláis conmigo, no con la patria, y aun esa razón no la dije yo como yo, porque si hubiera yo como yo de decirla, fuera...

335

Faetón	¿Qué?
Tetis	No sé qué fuera.
Faetón	Mirad vos también que habláis ahora como vos mesma, y me dejáis en la duda de que...

340

Música	Venga norabuena, norabuena venga.
Tetis	¿Qué ruido es aquel?
Batillo	Del monte viene de música y fiesta una tropa.

345

Galatea	Por no oírlo, huyendo iré.
Tetis	Galatea, ¿qué es esto?
Galatea	Que al monte a caza

en demanda de esa fiera
que a tantos atemoriza 350
y que tan pocos encuentran,
viene el príncipe Peleo,
que ayer destos montes era
Epafo, pastor; y tanto
todos de verle se huelgan 355
en tan grande majestad,
fausto, pompa, honra y grandeza,
que coronados de flores,
rosas, lirios y azucenas,
bien como auxiliado alumno 360
de las ninfas de Amaltea,
vienen hacia aquesta parte,
diciendo en voces diversas.

[Música] (Dentro.)   Venga norabuena,
             [norabuena venga.]   365

Faetón   De tu concepto, señora,
se ha reducido a experiencia
el sentido, pues estoy
en el centro de la tierra,
cuando él puesto está en la cumbre   370
de la fortuna, se muestra
Sol en no olvidar el valle,
porque alumbráis la eminencia.

	Y adiós, que yo no me atrevo	
	a verlo ni que él me vea,	375
	si ya no es seguir del Sol	
	la metáfora, en que sean	
	esos aplausos el día	
	de la noche de mi ausencia.	
	Adiós, quedad.	
Tetis	Id con Dios.	380
Faetón	Retírate entre estas peñas.	
Batillo	Pues ¿no he de bailar si bailan?	
Faetón	¿No ves que no es bien te vean	
	en el traje de soldado,	
	y que vas conmigo sepan?	385
Batillo	Pues ¿no bailan los soldados?	
Faetón	Retírate, que ya llegan.	
	Y tú, porque veas sin verme,	
	hazme espaldas, Galatea.	
Galatea	Sí haré, ya que por haber	390
	oculta deidad suprema	
	que nuestros duelos impida,	
	pues arrastradas por fuerza	
	habemos de divertirnos,	
	no te sirvió en que Amaltea	395
	me pague el rencor de estar	
	siempre a tu fortuna opuesta.	
Amaltea	Pues ya que a vista llegamos	

	de Tetis, para que sea	
	más de Peleo el aplauso,	400
	la música y baile vuelva.	
Música	El Príncipe nuestro	
	es con su presencia	
	lustre de los montes,	
	honor de las selvas.	405
	Venga norabuena.	
Silvia	Norabuena venga,	
	que hoy me tengo de hacer rajas,	
	alegre, ufana y contenta,	
	tanto por aqueso como	410
	porque Bato no parezca.	
	Gracias a Dios, que me veo	
	sin él.	
Batillo	¡Ha pícara! Espera.	
Faetón	¿Dónde vas?	
Batillo	Solo a pegarla	
	dos bofetás siquiera,	415
	y vuelvo.	
Faetón	¿Eso habías de hacer?	
Batillo	Pues los soldados ¿no pegan	
	a las Silvias?	
Faetón	No.	
Batillo	¿Ni bailan?	

Faetón	Menos.	
Batillo	Pues ¿cuándo se huelgan?	
Música	Todos estos montes	420
	le den la obediencia,	
	y ciña de rosas	
	su frente Amaltea.	
	Venga norabuena.	
Epafo	Hasta que de tu hermosura,	425
	bello imán de mi deseo,	
	fue mi ventura trofeo,	
	no conocí mi ventura;	
	ahora sí que segura	
	por tal la conozco, pues	430
	el más glorioso interés,	
	el honor más soberano	
	no fue adorno de mi mano	
	hasta serlo de tus pies.	
	Bien que al verle en ellos, toco	435
	nuevas dudas con que lucho,	
	pues para mi mano es mucho	
	y para tus pies es poco.	
	Cuerdo el rendimiento y loco	
	el alborozo también,	440
	porque al crisol del desdén,	
	de tanto Sol celestial,	
	lo que el uno diga mal,	
	el otro asegure bien.	
Tetis	Cuanto a la suma alegría	445
	que gocéis de aplausos llena,	

recibid la norabuena,
que en vuestra suerte la mía,
toca a la cortesanía;
pero en cuanto a que ella os dé   450
presumpción de que se ve
a mi Sol acrisolar,
licencia me habéis de dar
de suplicaros se esté
en menor predicamento   455
que aun del que ella se tenía;
que si en la galantería
desde el no merecimiento
a quien da cierta licencia,
puesta en salvo la eminencia   460
de soberana deidad,
ya desde la autoridad
corre riesgo la decencia.
Y así puesto que al crisol
del Sol probar mi desdén,   465
sabed que ahora, no sé a quien
diciendo estaba que al Sol
no se mide el arrebol,
y que tanto de su cumbre
dista la alta pesadumbre   470
como el valle. Y siendo así,
que desde el valle os oí,
no os iré desde la cumbre,
que si en la desigualdad
corrió libre la licencia,   475
ya paró en la reverencia
que debo a la majestad.

Epafo   Advertid.

Tetis	Aquí os quedad,	
	no habéis de pasar de aquí.	
Epafo	Si porque dichoso fui	480
	a ser vengo desdichado,	
	no piadoso, cruel el hado	
	habrá sido para mí.	
Todos	Hasta que al valle lleguemos,	
	la música y baile vuelva.	485
Silvia	Y hasta que parezca Bato,	
	que hasta entonces todo es fiesta.	
Batillo	¡Vive Dios!	
Faetón	Detente, loco.	
Batillo	¿Ni dar, ni bailar? Paciencia.	
Música	El Príncipe nuestro	490
	es con su presencia.	
Epafo	Callad, villanos, callad,	
	cesen las músicas vuestras;	
	pues que toda su alegría	
	ha parado en mi tristeza.	495
	Idos de aquí todos, idos,	
	ni oiga, ni escuche, ni vea	
	acento que no sea llanto,	
	festejo que no sea obsequia.	
Silvia	Pues si esta letra le cansa,	500
	¿hay más de mudar la letra?	

	Venga noramala, noramala venga.	
Epafo	Idos, villanos, de aquí.	
Amaltea	Pues ¿de qué te desesperas?	

Epafo   De que el permitido agrado   505
            que mereció en la belleza
            de Tetis, tosco el sayal,
            la púrpura desmerezca;
            mas ¿cuándo amor y fortuna
            se dieron las manos?

Amaltea   Deja   510
            la de tu dicha en las mías,
            que mi industria y tu asistencia
            han de vencer imposibles.

(Sale Eridano.)

Eridano   Ya señor está dispuesta
            por el monte la batida,   515
            y es la hora, que a las siestas
            la fiera a una fuente baja.

Epafo   No me habléis de esa manera,
            mientras que no esté delante
            mi padre. Alzá de la tierra,   520
            que el respeto y el cariño
            de haberlo sido no cesa
            en mí; ¿cómo no me ve
            Eridano?

Eridano   La extrañeza

	de su condición.	
Epafo	Mal hace	525
	con su príncipe en tenerla.	
	Ve, y haz que la gente esté	
	prevenida, mas no puesta;	
	que no sé si iré al monte.	

(Vase Eridano.)

Amaltea	En dilatarlo aciertas,	530
	pues con eso tomas plazo	
	para que con la deshecha	
	de la caza haya ocasión	
	de lograr tu amor.	
Epafo	Tú alientas	
	solamente mi esperanza.	535
Amaltea	Vame más de lo que piensas.	

(Vanse.)

Galatea	¿Haslo oído? Despreciada	
	una mujer, ¿qué no intenta?	
	Pero también de mí fía	
	la mejora de tus penas,	540
	que no he de ser del Sol hija,	
	o he de verte en las estrellas.	

(Vase.)

Faetón	Ya que hemos quedado solos,	
	ven por esta inculta senda,	

	y ayúdame a discurrir.	545
Batillo	Eso muy en hora buena, y nadie mejor, porque discurro como una bestia.	
Faetón	¿Qué será que habiendo yo nacido en tanta miseria, espíritu tan altivo tenga, que adorar me atreva tan alta deidad?	550
Batillo	Será tener...	
Faetón	Di.	
Batillo	Poca vergüenza, que es lo que tienen los que como nacen no se acuerdan.	555
Faetón	¿Qué será que habiendo visto príncipe a Epafo en tan nueva dignidad, no me persuada a que mejor que él no sea?	560
Batillo	Será, pues cochillos y horcas exprican las perminencias, querer que si a él fue el cochillo que a ti la horca te venga.	
Faetón	Amaltea, ¿qué será, ninfa de las flores bellas, que lo que un tiempo fue agravio	565

	haya trocado en ofensas?	
Batillo	Será que como los pobres todos son flores, sospecha que le has de gastar las suyas.	570
Faetón	¿Qué será que Galatea, de las fuentes ninfa hermosa, tan solo me favorezca?	
Batillo	Será, como tus achaques son vagidos de cabeza, haberte ordenado fuentes, y que son las suyas piensa.	575
Faetón	¿Qué será, por mí empeñadas, que ambas se desparezcan?	580
Batillo	Que algún tramoyero dios se andaba haciendo apariencias, pero entre estas y entre estrotas, que es como entre estrotras y estas, ¿dónde vamos penetrando las más intrincadas breñas?	585
Faetón	A dar principio a una vida que toda ha de ser tragedias. A buscar la fiera voy.	
Batillo	¿La fi... qué, señor?	
Faetón	La fiera.	590
Batillo	Pues aquí el rocín soldado	

| | tuerce al tornillo la vuelta, | |
| | adiós. | |

Faetón   ¿Dónde vas?

Batillo   A casa,
que fiera, señor, por fiera,
allá me tengo yo a Silvia.   595

Faetón   Ya el volver será bajeza.

Batillo   Agrandarla y será altura.

Faetón   Si mi espíritu se empeña
en buscar riesgos, ¿será
bien a patrias extranjeras   600
pase, sin que de la mía
primero el asombro venza?
Fuera desto, ¿será bien
que Epafo o Peleo se venga
al monte donde yo habito   605
a hacer suya la fineza
para con Tetis? El cielo
vive, que yo he de ponerla
primero a sus pies.

Batillo   Yo no.
Y pues tú has de ir por ella,   610
tú has de buscarla y hallarla,
tú has de lidiar y vencerla,
y llevarla y presentarla;
¿qué he de hacer yo?

Faetón   Más que piensas.

	Mira: un día la seguí	615
	deste centro en la aspereza	
	más inculta, y por dejar	
	ni bien viva ni bien muerta	
	a Tetis, no registré	
	las entrañas de una cueva,	620
	adonde me pareció	
	se había entrado. Las señas	
	volví observando, y ahora	
	la voy buscando por ellas,	
	con intento de que a ti	625
	puesto a la boca te vea,	
	y cuando a despedazarte	
	salga...	
Batillo	¡Linda diligencia!	
Faetón	Yo, que estaré entre unas matas,	
	que recatado me tengan,	630
	de través saldré a rendirla	
	o matarla.	
Batillo	Esa es la cuenta	
	de los que desde un tablado	
	socorren al que torea,	
	que cuando llega el socorro	635
	le ha dado el toro cien vueltas.	
	No, señor, vamos por otra	
	traza, que aquesa no es buena.	
Faetón	¡Ay, si supieras, Batillo,	
	lo que me importa vencella!	640
Batillo	¡Ay, si el que no sea conmigo,	

	lo que me importa supieras!
Faetón	Porque sabrás que me dijo, huyendo de mí, que era yo su bien y su mal.
Batillo	Luego 645 ¿la bestia habla?
Faetón	Sí, no temas tanto, que habla y es humana.
Batillo	Pues ahora hay más que tema, que humanas bestias que hablan, son, señor, las peores bestias. 650
Faetón	No hagas en las ramas ruido, porque ya llegamos cerca de las señas de la gruta.
Batillo	Malditas sean las señas, y el alma que no dijere. 655
Voces (Dentro.)	¡Al monte, al valle, a la selva!
Faetón	A mal tiempo la batida a correr el monte empieza, que al ruido no saldrá.
Batillo	¿Y ese es mal tiempo?
Uno	A la ribera. 660
Otro	A la fuente.

Otro	Hacia su margen.
Epafo	Corre antes que en la aspereza
se pueda ocultar, seguidla,
ya que os adelanta el verla.
Tetis	Ya que a las voces volví, 665
antes que enfrascarse pueda
en la aspereza, atajadla.
Todos	¡Al monte, al valle!
Climene	¡Clemencia,
Cielos! Doleos de una vida
de tantas desdichas llena.   670
Faetón	De aquel risco a este ribazo
acosada se despeña.
Batillo	Hace muy mal.
Climene	¿Hasta cuándo,
¡oh Apolo!, contra tus fuerzas,
ha de haber ira en Diana,   675
y no en Júpiter clemencia?
¿Hasta cuándo contra mí
de ambos la ojeriza opuesta
han de apurar a los astros
el resto de las violencias,   680
tanto, que un poco de agua
que da de balde la tierra
a todos, a mí no menos
que vida y alma me cuesta?

Faetón	¿Quién creyera que el asombro en lástima se convierta? Llega a socorrerla, Bato.	685
Batillo	¿Qué llama usted socorrerla?	
Faetón	Del hado enigma primera, pues entre el ser y no ser, para fiera, eres mujer, para mujer, eres fiera. Cobra aliento, persuadida aquí, que en tan triste suerte, viviendo, te diera muerte, muriendo, te diera vida. Alienta, pues.	690 695
Climene	¡Ay de mí!	
Faetón	Llega, Bato, ya volvió en sí.	
Batillo	Y aun por eso yo vuelvo en no, porque ella en sí.	700
Climene	¿Quién eres, oh tú, el primero que en toda mi vida vi tener lástima de mí?	
Faetón	Tu bien y tu mal, si infiero de lo que antes me dijiste, cifradas las dudas hoy.	705
Climene	¿Eridano?	

Faetón	Sí, yo soy.
	Que a saber en qué consiste
	vengo tan alto secreto,
	no como otros, como fiera 710
	a matarte.

Climene	¡Oh, quién pudiera
	revelarle, solo a efecto
	de mejorar tu fortuna!
	Pero ¡ay!, que aventurara
	no ver del Sol la luz clara, 715
	que opuesta a la de la Luna,
	con el eclipse mayor
	amenaza al mundo el día
	que de tu suerte y la mía
	se sepa: y pues el temor 720
	me obliga a vivir cual ves,
	y ves cuánto inconveniente
	es que me alcance esa gente,
	te suplico que me des
	paso a esa entreabrierta roca, 725
	de quien, como entre en su centro,
	un risco, que por de dentro
	es mordaza de su boca,
	de que me hallen me asegura.
	Y pues por lo menos, ya 730
	sabes que en mi voz está
	tu desdicha o tu ventura,
	bien a ampararme te mueves;
	y más si en ansias como estas,
	aún es más lo que me cuestas, 735
	si es mucho lo que me debes.

Faetón	Aunque a una dama he ofrecido
	que te tengo de llevar
	por su víctima al altar
	de las aras de Cupido, 740
	el deseo de saber
	ese enigma, o el deseo
	de no sé qué que en ti veo
	que me obliga a defender
	tu vida, el paso te da. 745
	Vete, pues, que ruido siento.
Climene	Deme sus alas el viento.
(Sale Tetis.)	
Tetis	Ya contra mí no podrá,
	pues desatada del yelo
	que antes me pudo embargar, 750
	llego a ocasión de acabar
	nuestro comenzado duelo.
	Llega a embestirme.
Climene	¡Ay de mí!
	Caí por correr más ligera.
Tetis	Pues muere a mi mano.
Faetón	Espera, 755
	no la mates.
Tetis	¿Contra mí
	la defiendes?
Faetón	No lo creas.

95

Tetis	¿Cómo no cuando lo advierto?	
Faetón	Como eres deidad, y es cierto que igual en tus obras seas. Y pues no creíste que fui quien a ti te libró della tampoco creerás que a ella la libro ahora de ti.	760
Tetis	Cuando eso fuese verdad, ya ¿qué crédito he de darte es ocasión de vengarte?	765
Faetón	No es venganza la piedad.	
Tetis	Aparta.	
Faetón	No has de matalla.	
Tetis	No haré, pero he de prendella.	770
Faetón	Aun deso he de defendella.	
Tetis	¿Contra mí?	
Faetón	Empeñada se halla mi fe y has de perdonarme use sus sañas esquivas.	
Tetis	¿Es esta la fama que ibas a ganar para obligarme?	775
Faetón	Es ser infeliz. De aquí huye.	

Tetis	¿A una fiera tú me igualas?
Climene	El viento me dé sus alas.

(Sale Epafo.)

Epafo	Ya no podrá contra mí,	780
	y pues en mi mano has dado.	
Faetón	Ser quien de ti triunfe intente;	
	no has de matarla, detente.	
Epafo	¿Tú contra mí tan osado	
	en defensa de una fiera?	785
Tetis	¿Qué te admira, qué te ofende,	
	si aun contra mí la defiende?	
Epafo	Pues a nuestras manos muera.	
Faetón	No a eso os arrojéis.	
Climene	¡Ay Dios!	
Faetón	Que quien la amparó hasta aquí	790
	de cada uno de por sí	
	la amparará de los dos.	
Tetis	¿Conmigo tanta osadía?	
Epafo	¿Conmigo tanto descuello,	
	que aun viéndolo, dudo creello?	795

Faetón	¿Qué no hará la suerte mía?
Tetis	Librarte de mí no hará.
Epafo	Ni de mí, ya una vez puesto, en...

(Sale Admeto y soldados.)

| Admeto | Llegad todos, ¿qué es esto? |
| Epafo | Señor, ¿tú aquí? |

Admeto	Cuando está	800
	tu persona tan despacio,
	que es su centro este horizonte,
	y vuelto al amor del monte,
	¿no te acuerdas de palacio?
	¿Qué mucho que haya venido,	805
	cuidadoso de que fuera
	algún riesgo de la fiera
	quien te hubiera detenido
	tanto?

Epafo	No; solo, señor,
	causa aquesta fiera es,	810
	cuando postrada a tus pies
	las miras por el valor
	de Eridano, que este día
	seguirla pudo y postrar.
(Aparte.)	Esto es, villano, pagar	815
	la deuda que te debía,
	cuando entre los dos se arguya
	que a deberte no quedé

| | una acción que mía no fue,
con otra que no fue tuya. | 820 |
|---|---|---|
| Faetón | ¿Villano a mí, Epafo? Cielos,
¿a que más llegar pudiera
mi desdicha? | |
| Admeto | Humana fiera,
que con tantos desconsuelos
toda esta patria has tenido;
¿quién eres? | 825 |
| Climene | No sé quién soy. | |
| Admeto | ¿Cómo este monte hasta hoy
bárbaramente has vivido? | |
| Climene | No sé. | |
| Admeto | ¿Cuál la causa fue
que a esto te pudo obligar? | 830 |
| Climene | No sé. | |
| Admeto | ¿Qué te forzó a dar
tanto escándalo? | |
| Climene | No sé. | |
| Admeto | Pues si nada sabes, yo
sé que a Diana ofrecí,
cuando por seguirte a ti,
el caballo me arrastró,
sacrificarte en su templo, | 835 |

	como a diosa de las fieras,	
	no presumiendo que fueras	
	humana, y aunque contemplo	840
	que fue error el ofrecer	
	sin saber lo que ofrecía,	
	ya fue voto, y este día	
	víctima suya has de ser.	
	Retiradla.	
Climene	En fin, concluyo	845
	con vida tan inhumana,	
	vuelta al templo de Diana,	
	a ser sacrificio suyo.	

(Llévanla.)

Admeto	Tú ahora, puesto que has sido	
	quien el bruto trofeo	850
	de ese horrible monstro feo	
	la mayor parte has tenido,	
	ve, Eridano, a prevenir	
	a tu padre, pues que fue	
	su sacerdote, que esté	855
	a las puertas para abrir	
	el templo, y que prevenida	
	tenga el ara, acero y fuego.	
Faetón	Cielo, si os obliga el ruego	
	de la más infeliz vida,	860
	doleos de mí, que he perdido	
	hoy de Tetis la esperanza,	
	de Peleo la venganza,	
	y del enigma el sentido.	

(Vase.)

Tetis   Aunque de Diana fui   865
         en otra ocasión opuesta,
         no tengo de serlo en esta,
         que habiéndome hallado aquí,
         será justo acompañarte
         hasta hacer el sacrificio.   870

Admeto   Es de tu piedad indicio.
         Y cuantos en esta parte
         libres de su horror os veis,
         instrumentos prevenid,
         y a vuestra usanza venid   875
         donde sus himnos cantéis
         a la diosa sobre el ara.

(Vase.)

Tetis   ¿Quién de Eridano creyera,
         que en defensa de una fiera
         contra mí se declarara?   880

(Vase.)

Epafo   ¿Quién creyera que podía
         de Eridano el ciego error
         ser tercero de mi amor?

(Vase.)

Batillo ¿Quién creyera que yo había
         de callar tan grande rato?   885
         Mas cualquiera lo creyera,

	si por de dentro supiera	
	el miedo que gasta un Bato.	
	Desde que a la fiera vi,	
	tan pasmado me quedé	890
	que el aliento no cobré	
	hasta que a ella la perdí.	
	Ahora bien, vamos a ver	
	del sacrificio la fiesta.	

(Sale Silvia.)

Silvia   Seor soldado...

Batillo (Aparte.)   Silvia es esta.   895
                   Que no me vea he de hacer,
                   siempre de medio perfil.

Silvia   Ya sabe que en la mujer
                   el deseo de saber.

Batillo   Es una alhaja civil.   900

Silvia   Dícenme que aquí han pasado
                   grandes cosas, y quisiera
                   que vuested me las dijera.

Batillo   Sí diré, a fe de soldado.
                   La fiera encontraron dos,   905
                   que estaba en cierto pradillo
                   merendándose un Batillo.

Silvia   Buenas nuevas te dé Dios.

Batillo   Cuando ya despedazado

	le tenía, de través llegaron ambos.	910
Silvia	¿Y eso es verdad?	
Batillo	A fe de soldado. Acudió gente a sus voces, y hallándole hecho pedazos...	
Silvia	De albricias doy mil abrazos.	915
Batillo	Y yo de hallazgo mil coces.	
Silvia	¿Que seas tan gran menguado, que el no conocerte yo pensaste?	
Batillo	Por sí o por no.	
Silvia	¿Aún das?	
Batillo	Sí, a fe de soldado.	920
Silvia	Mira que te conocí, aunque en este traje estabas.	
Batillo	¿Y cuando sin mí bailabas, porque bailabas sin mí?, ¿conocíasme?	
Silvia	El enfado basta Bato, ya.	925

Batillo	No basta hasta que te muela.	
Silvia	¿Hasta molerme?	
Batillo	A fe de soldado.	
Silvia	¿No hay quién me ampare? ¡Ay de mí!	
Batillo	Agradece a los acentos de esos dulces instrumentos el que no vaya tras ti; porque a ver voy en qué para la que nuestro asombro fue, ya que desde aquí se ve templo, sacerdote y ara.	930 935

(Vase.)

(Salen Admeto, Epafo, Tetis, Galatea, Amaltea, Música y otros.)

Epafo	Al templo inmortal de la sacra Diana.	
Música	Al templo inmortal [de la sacra Diana].	
Epafo	Hermosa y gentil.	
Música	Hermosa y gentil.	940
Epafo	Moradores de aquestas riberas.	
Música	Moradores [de aquestas riberas].	

Epafo	Venid, venid.	
Música	Venid, venid.	
Amaltea	Como a diosa divina, Amaltea.	945
Coro II	Como a diosa [divina, Amaltea].	
Amaltea	De selvas y bosques.	
Coro II	De selvas y bosques.	
Amaltea	A sus sienes ofrezca guirnaldas.	
Coro II	A sus sienes [ofrezca guirnaldas].	950
Amaltea	De rosas y flores.	
Coro II	De rosas y flores.	
Galatea	Como a diosa de ríos y fuentes.	
Coro I	Como a diosa [de ríos y fuentes].	
Galatea	También Galatea.	955
Coro I	También Galatea.	
Galatea	En despojos ofrezca a sus plantas.	
Coro I	En despojos [ofrezca a sus plantas].	
Galatea	Cristales y perlas.	

Coro I	Cristales y perlas.	960
Tetis	Hasta las ninfas de el mar este día.	
Coro III	Hasta las [ninfas de el mar este día].	
Tetis	Pisando su playa.	
Coro III	Pisando [su playa].	
Tetis	El coturno lo argente de nieve.	965
Coro III	El coturno [lo argente de nieve].	
Tetis	Aljófar y nácar.	
Coro III	Aljófar y nácar.	
Admeto	El sacro voto de Admeto.	
Música	El sacro voto de Admeto.	970
Admeto	Las tres concurrís.	
Música	Las tres concurrís.	
Admeto	Ante la estatua os postrad de la diosa.	
Música	Ante la [estatua os postrad de la diosa].	
Admeto	Y todos decid.	975
Música	Y todos [decid].	

Todos	Al templo inmortal de la sacra Diana hermosa y gentil, moradores de aquestas riberas venid, venid.	980
Faetón	Para todos es aplauso lo que es penas para mí. Pero es forzoso a pesar de mis ansias, asistir.	
Admeto	Sacerdote de Diana, yo en un peligro ofrecí sacrificar esta fiera en sus altares, y allí para que cumplas el voto, te la entrego.	985
Climene	¡Ay infeliz!	990
Eridano	Yo en nombre suyo la aceto, mas no puedo recibir víctima, sin ver primero lo que recibo; y así, antes que la llegue al ara, la tengo de descubrir. ¡Válgame el cielo!, ¿qué veo? ¿Es dilirio, es frenesí, fantasía o ilusión? Racional fiera, en quien vi de unas difuntas memorias las cenizas revivir, ¿quién eres?	995 1000
Climene	¿Quién piensas soy?	

Eridano	Mira que pienso, ¡ay de mí!, imposibles.	
Climene	No lo son.	1005
Eridano	¿Luego eres?	
Climene	Digo que sí, que no menos imposibles facilita el hado en mí.	
Eridano	¡Ay hija del alma mía! mejor diré, ¡ay infeliz!, será una vez para todos, y dos veces para mí.	1010
Faetón	¿Hija dijo?	
Hombre	¡Qué portento!	
Mujer	¡Qué admiración!	
Admeto	¿Cómo, di, ya que tan no imaginado caso a todos turba, así debiste si eras su hija?	1015
Tetis	¿Cómo, al verte perseguir, no declarabas quién eras?	
Galatea	¿Cómo escándalo vivir del orbe te tolerabas?	1020

Amaltea	¿Cómo destinada a vil asombro te reducías?
Epafo	¿Cómo callabas, en fin, dejándote dar la muerte? 1025
Batillo	¿Cómo a merendarme a mí te atrevías?
Todos	¿Cómo ahora aún no respondes?

Climene   Oid:
de Eridano, sacerdote
de Diana, hija nací,   1030
en sus claustros me crié
y en sus altares crecí
una de sus ninfas, cuando
por la escandalosa lid
de los cíclopes, a quien   1035
dio muerte, sin advertir
que a Júpiter le forjaban
para vibrar y blandir,
la munición de los rayos,
del celeste azul zafir   1040
desterrado estaba Apolo,
bien lo pudieran decir
esos ganados de Admeto,
en cuya guarda asistir
le vio de enero la escarcha,   1045
le vio el verdor el abril.
Viome un día en este templo,
no digo que yo a él le vi,
débaos el que lo entendáis

el color... Mas ¡ay de mí!, 1050
¡en qué poco se embaraza
la vergüenza, siendo así
que para mayor empeño
la he menester prevenir!
Y pues es fuerza que diga 1055
que al ver se siguió el sentir,
al sentir el suspirar
y al suspirar el gemir,
al gemir el esperar
y al esperar inquirir 1060
medios; ¿a quién le faltaron
tercero, noche y jardín?
Bien pensareis que acallada
la licencia que pedí
a la vergüenza, estará 1065
con lo que he dicho hasta aquí,
pues aun más la he menester.
¡Oh, tuviera algún sutil
ingenio inventado frase
para decir sin decir! 1070
Excusárame de que,
volviéndose él a asistir
el imperio de las luces,
hubo noche en que me vi
obligada a que en los mimbres 1075
de un canastillo sutil,
bien como áspid del amor,
entre uno y otro matiz,
fiase del jardinero
de quien antes me valí, 1080
no sé qué reciente flor,
por lo pálido alhelí,
por lo enamorado lirio

y por lo tierno jazmín.
Súpolo Diana, y saliendo 1085
a ese intrincado país
a lidiar fieras, me dio
la investidura, ¡ay de mí!,
de su imperio, destinada
no solo a ser desde allí 1090
fiera más fiera de fieras,
pues me dijo en su confín,
echando voz de que a manos
de una dellas perecí,
a la merced de su honor, 1095
sin que ni escapar ni huir
pudiese, siendo de un duro
tronco a que atada me vi
a un lazo, esposa la rama,
y a otro, grillo la raíz. 1100
Apolo, que tenía a un tiempo
indignados contra sí
a Júpiter y a Diana,
o no me pudo asistir
o no quiso, que sería 1105
lo más cierto, si advertís
cuánto vive el olvidar
vecino del conseguir.
Solo el mágico Fitón,
que ya sabéis que era allí 1110
su estancia, llegó a mis voces
y albergándome en la vil
bóveda suya, queriendo
della otra aurora salir
a investigar mi fortuna, 1115
me dijo: ¡Triste de ti
el día que dese centro

salgas, Climene, a vivir
en oprobio de Diana,
pues este se irá tras ti   1120
cruel el hado, que a su templo
te ha de llevar a morir!
Y no es tu daño esto solo,
sino el haber de decir
por qué mueres: con que el hijo   1125
se sabrá; que aunque es así
que le halló envuelto en las flores
del castillo y del pensil
en que le echó el jardinero,
(Aparte.)   quien... (El nombre iba a decir,   1130
pero noto, si reparo,
aunque él me lo dijo a mí.)
Quien como su hijo le cría;
el día que él sepa de sí
y quién es, será del mundo   1135
la ruina, el estrago, el fin,
tanto que Faetón por nombre
tendrá, que es como decir
fuego o lumbre, o llama o rayo.
Consideradme ahora a mí   1140
entre estos dos vaticinios:
el de Diana, a quien temí,
y el del hijo a quien guardé,
obligándome a vivir
racional humana fiera.   1145
Mas iay! que aunque pretendí
heredera de Fitón,
de su cueva no salir,
la hambre y la sed me obligaba:
con que el verme discurrir   1150
con estas pieles (de quien

me fue forzoso vestir)
el monte, dio a los pastores
que temer y que sentir
tanto que hasta Admeto y Tetis 1155
se movieron contra mí.
¡Oh vulgo, qué no sabrás
encarecer y mentir!
Y supuesto que ya el cielo
cumplió el que cuando a salir 1160
del monte, al templo me traigan
a dar a mi vida el fin,
¿qué espera el acero? ¿Qué
la llama? Tiña el rubí
a esa pira, de mi cuello 1165
el desatado carmín.
Conseguirá dos efectos:
uno, que venganza di
a Diana; y otro, que
el horror que concebí, 1170
muriendo en mí mi secreto,
no pueda saber de sí.

Faetón   Ni uno ni otro efecto ya
has de poder conseguir:
el de morir, porque yo 1175
te libraré del morir;
y el de no decir quién es
de Apolo hijo, pues te oí,
que soy tu bien y tu mal,
y que padeces por mí 1180
tanta deshecha fortuna;
a que se añade el decir
Amaltea por baldón
que de unas flores nací,

	en que Eridano me halló:	1185
	y de uno y otro inferir	
	debo, y todos lo debéis,	
	que yo el hijo del Sol fui.	

Admeto Este es loco, cuanto hay
se quiere a sí atribuir. 1190

Faetón Ya sabido, habla más claro.

Climene ¿Quién pudiera prevenir
que lo que allá dicho, hubiese
de ser consecuencia aquí?
Pero yo lo enmendaré. 1195
Lo que yo te dije...

Faetón   Di.

Climene Fue engañarte, por el miedo
de verme libre de ti.

Amaltea Y lo que yo dije fue
un acaso.

Faetón   Ambas mentís. 1200

Admeto ¿No digo yo bien que es loco?
Arrojadle, echadle de ahí.

Todos Vaya el loco, vaya el loco.

Faetón Loco o no, he de presumir
desde hoy de hijo del Sol. 1205

(Vase.)

Galatea   El afecto que hay en mí
          ayuda a su presunción.

(Vase.)

Admeto   Eridano, ya cumplí
          el voto: ahí le dejo, o viva
          o no, no me toca a mí.   1210

(Vase.)

Tetis   Ni a mí más que llevar, ¡cielos!,
          que pensar y discurrir.

(Vase.)

Epafo   Ni a mí más que a todas luces
          el Sol que adoro seguir.

(Vase.)

Admeto   Ni a mí más que el ilustrar   1215
          a uno y a otro deslucir.

(Vase.)

Eridano   A mí consultar la diosa
          lo que debo hacer de ti.

(Vase.)

Climene   A mí llorar hasta que

	se duela el cielo de mí.	1220
(Vase.)		
Silvia	¿Y a ti qué te toca, Bato?	
Batillo	Pegar, ver, callar y oír.	

Fin de la segunda jornada

Jornada tercera

(Dentro voces de hombres a una parte y de mujeres a otra, y salen como arrojados, cayendo por una parte Faetón y por otra Climene.)

Hombres (Dentro.) Vaya el loco y no nos pare
en todo el valle, vaya.

Mujeres (Dentro.) Vaya fuera, en nuestro templo
no quede.

Las dos ¡El cielo me valga!

Faetón ¡Climene!

Climene ¡Eridano!

Faetón ¿Qué 5
ha sido eso?

Climene Que aún no acaban
conmigo mis penas; y eso,
¿qué es?

Faetón Que ahora empiezan mis ansias.

Climene En el templo me quedé
esperando a ver qué manda 10
de mí hacer la diosa, cuando
en tanto que consultaba
el oráculo mi padre,
sus ninfas, contra mí airadas,
desdeñándose de mí, 15
hasta este monte me arrastran.

Faetón	Persuadida a que yo estoy loco con tema tan alta como ser hijo del Sol, también toda esa villana plebe, del valle y de sí me arroja; mas no me espanta tanto su error como el tuyo, pues das a un tiempo, tirana, causa a mí de que lo crea, y a ellos de no creerlo causa.	20 25
Climene	¡Yo!	
Faetón	Sí, pues a mí me dices cifras que quién soy declaran, y las descifras a ellos con que de miedo me engañas.	30
Climene	¡Ay, Eridano, si hubiera quién entre los dos juzgara tu razón y mi razón!	
Faetón	Sí habrá. Las náyades llama de esas fuentes, que por hijas del Sol son interesadas, puesto que para no ser o para ser mis hermanas, harán más atento el juicio.	35
Climene	Dices bien: ¡ha de la clara música de los cristales que el aire sulca!	40

Coro I	¿Quién llama?	
Climene	Quien de vosotras desea la sentencia de una instancia.	
Coro I	Para árbitros no somos buenas, adelante pasa, que nunca a gusto responden cristales que desengañan.	45
Faetón	Antes sí, pues quien os busca, es para que en todos haya un desengaño.	50

(Sale Galatea y su coro.)

Galatea	A esa voz responded.	
Coro I	¿Qué es lo que mandas?	
Galatea	Habiéndote conocido, de la cristalina estancia que en urnas de vidro alberga mi deidad, fuerza es que salga: ¿qué quieres?	55
Faetón	Climene a mí me dijo en esa montaña enigmas (ya lo escuchaste en el templo, mas no hagas molestia el que lo repita), que evidentemente claras, hijo del Sol me coronan;	60

| | y cuando empeñado me halla
en entenderlas, las niega. | 65 |

Climene   O fueron ciertas o falsas
           las que dije sin pensar
           que nunca a examen llegaran.
           Si falsas, ¿no será error
           ahora que te amenaza   70
           otro segundo? Si ciertas,
           ¿no será rigor que ingrata
           le facilite el influjo
           del astro que le amenaza,
           en que el día que se sepa   75
           ha de ser por su desgracia?

Faetón   Para mí ya yo lo sé,
           y si saberlo yo basta,
           al astro, ¿no será injuria
           vivir sujeto a sus sañas   80
           sin sus honores? ¿Quién dijo
           que porque al riesgo no vaya,
           venga a mí el riesgo?

Climene   No esté
           solo en ti la circunstancia,
           sino en los demás.

Faetón   ¿Y no hay   85
           razón que los astros manda?

Climene   Cuando deje a la razón
           el furor de la amenaza,
           ¿dejará de ser ya, en cuantos
           me vieron ayer negarla   90

	sospechosa hoy la verdad?,	
	pues ¿qué enmienda el que deshaga	
	hoy lo que hice ayer?	

Faetón   En fin,
en estas dudas nos hallas,
con que en ti comprometidas,   95
queremos que tú nos valgas
en callarlas o en decirlas.

Galatea   Habiendo atendido a entrambas
no me atrevo a si es mejor
el decirlas que el callarlas: 100
y así, a mayor tribunal
pasad. La hora en que descansa
de las tareas del día
el Sol, dejando fiada
la rienda a Flegón y Etonte,   105
se acerca ya, y de su alcázar,
que a nadie le toca más
el decidir una causa.

Faetón   Sí, mas para que a él subamos,
¿quién nos ha de dar las alas?   110

Galatea   La ninfa del aire, Iris,
debe sus visos al agua,
pues reverberando en ella
el Sol entre sombras pardas,
en bosquejos que la fingen   115
al aire en colores varias,
y a mi ruego no dudéis
que volante nube traiga
que a sus palacios os lleve.

Climene	Pues ¿qué esperas?	
Faetón	Pues ¿qué aguardas?	120
Galatea	Si a eso os atrevéis vosotros acompañadme a llamarla: ¡ha de la esfera del aire!	
Coro I	¡Ha de la esfera del aire!	
Galatea	Bella república vaga.	125
Coro I	Bella república vaga.	
Galatea	De cuyo imperio es la Iris.	
Coro I	De cuyo imperio [es la Iris].	
Galatea	La embajatriz soberana.	
Coro I	La embajatriz soberana.	130
Galatea	Decidla que Galatea.	
Coro I	Decidla que Galatea.	
Galatea	La ruega que a su voz salga.	
Coro I	La ruega [que a su voz salga].	

(Viene bajando una nube cerrada.)

Galatea	Que necesita de que.	135

Coro 1   Que necesita [de que].

Galatea   Hoy sus favores la valgan.

Coro 1   Hoy sus favores la valgan.

(Ábrese la nube, y vese dentro Iris sentada, y canta.)

Iris	Ya a tu acento y de tu coro	
	a las dulces voces blandas,	140
	deudora que a tus cristales	
	el arco de paz le esmaltan,	
	cuando a los reflejos suyos,	
	desvaneciendo borrascas,	
	alistado se ilumina	145
	de verde, pajizo y nácar.	
	El aire ilustra, rompiendo	
	de su vagarosa estancia	
	la raridad que le ofusca	
	entre mudas sombras pardas,	150
	y desplegando las hojas	
	de la nube que la guarda,	
	el tiempo que no se esparce	
	el rubí, oro, esmeralda.	
	A tu invocación atenta,	155
	amanece sin el alba,	
	pues a media tarde viene	
	a saber lo que la encargas.	
Galatea	De Eridano y de Climene	
	las tristes fortunas varias	160
	en obligación me han puesto	
	de que pretenda ampararlas.	

	Al sacro solio de Apolo,	
	con no menos noble causa	
	que la ambición de hijo suyo,	165
	Iris, me importan que vayan.	
Iris (Canta.)	Pues haz que de los vapores	
	que tus cristales levantan,	
	y meteoros al aire	
	en tupidas nubes cuajan,	170
	uno a la media región,	
	donde yo llego los traiga,	
	hasta que de aquesta nube	
	los puedan valer las alas;	
	que yo de Apolo me ofrezco	175
	a ponerlos en la sala,	
	donde, hasta el afán del día,	
	la noche el sueño le guarda.	

(Suben los dos hasta la nube de Iris, y luego suben todos tres.)

Galatea	Ya, hasta igualarse contigo,	
	en pirámides de plata,	180
	a que el congelado humor	
	les va sirviendo de basa,	
	suben los dos.	
Climene	No sin suma	
	admiración.	
Faetón	No sin rara	
	suspensión.	
Climene	De tocar tanto	185
	pasmo.	

Faetón	Maravilla tanta.	
Iris (Canta.)	Ya que de la esfera tuya a pisar mi esfera pasan, y te ves obedecida, en paz te queda.	
(Desaparecen.)		
Galatea	En paz vayas, y repitan unidas vientos y aguas.	190
Toda la Música	Y repitan unidas vientos y aguas.	
Galatea	Al compás que forman cristales y auras.	195
Música	Al compás [que forman cristales y auras].	
Galatea	De unos y otros acentos las consonancias.	200
Música	De unos y otros acentos [las consonancias].	
Galatea	Para hacer al palacio del Sol la salva.	
Música	Para hacer al palacio [del Sol la salva].	205

Todos	Y repitan unidos [vientos y aguas].

(Desaparecen, vase Galatea oyendo la música, Tetis y Doris.)

Tetis	¿De unos y otros acentos	
	las consonancias,	210
	para hacer al palacio	
	del Sol la salva?	
	Quédense todas, tú sola,	
	bella Doris, me acompaña,	
	que de esas sonoras voces,	215
	de esa dulce consonancia,	
	no sé qué infieren mis dudas	
	y solicito apurarlas,	
	por ver si es verdad un eco	
	que suena dentro del alma.	220
Doris	De tus tristezas, señora,	
	y del salir a esta playa	
	más continuo que solías,	
	crecen las desconfianzas,	
	de lo poco que mi amor	225
	ha merecido en tu gracia.	
	¿Qué tienes, dime, qué es esto?	
Tetis	Aunque no lo preguntaras	
	tú, Doris, te lo dijera	
	yo, porque al tropel de tantas	230
	confusiones, por vencido	
	se da el silencio, y no basta	
	que a él le sobre la razón	
	si a mí la razón me falta.	

Eridano, ese pastor 235
que a mi deidad soberana
en permitidos festejos
atrevió las esperanzas,
mereció que consiguiesen
no sé qué atención sus ansias, 240
que sin holgarme de oírlas,
no me pesó de escucharlas.
Dejo si él me socorrió
o no, dejo que empeñada
con la que juzgamos fiera, 245
osó contra mí ampararla;
dejo también las noticias
de sus fortunas extrañas
que el sacrificio impidieron,
que es lo que todos alcanzan. 250
Y voy a lo que yo sola
dudé, que es la circunstancia
con que, ¡ay infeliz!, se dio
por entendido que hablaban
con él las señas de ser 255
hijo del Sol, cuya causa
confieso que es la que hoy
de mí y mi esfera me saca.
Pues siendo así que quedaron
pendientes cosas tan varias, 260
esta sola es el deseo
de saber en lo que para.
Con que, habiendo oído esas voces
que al palacio del Sol hablan,
curiosa vengo a saber 265
de que novedad se causan.
¿A quién lo preguntaremos
que nos responda?

Silvia (Dentro.)	¡Mal haya ambición, diré mil veces, que a más que lo que es se ensalza! 270
Tetis	¿Qué voz es esta que suena a oráculo?
Doris	Una villana riñendo con un soldado del monte a esta parte pasan, no del acaso hagas caso. 275
Tetis	¿Cómo quieres no le haga, si al preguntar qué habrá nuevo, a responder se adelanta?
Batillo (Dentro.)	Quien no sabe lo que pide, ¿qué mucho, Silvia, que caiga 280 o tarde o nunca en la cuenta?
Tetis	Otra vez parece que habla con nosotras.
Doris	Para que de aquese escrúpulo salgas, llamarlos tengo. ¡Ah soldados! 285

(Salen Silvia, Batillo, y retírase Tetis.)

Batillo	Ese soy yo, por la gracia de Marte.
Doris	¡Ah villana!

Silvia	Yo esa, de Martes por la desgracia.	
Los dos	¿Qué mos queréis?	
Doris	¿Qué pendencia es esa?	
Batillo	Yo he de contarla.	290
Silvia	No sino yo.	
Batillo	Como digo de mi cuento.	
Silvia	Bato, calla. Sabrá Dios y norabuena, que esta bestia...	
Batillo	Ella es mi albarda.	
Silvia	Palabra me dio de esposo, y por serguir temas raras de Eridano, otro villano que da en que hijo del Sol nazca, se va y me deja, con que a voces dije: ¡Mal haya ambición que a un majadero a más de lo que es le ensalza!»	295 300
Batillo	Si la palabra la di, y la dejo la palabra, ¿qué la debo? Con que yo	305

	dije al tenerla y cobrarla:	
	«quien no sabe lo que pide	
	que nunca en la cuenta caiga».	
Doris	¿Ves cómo todo, señora,	
	acaso ha sido?	
Tetis	¿Qué tardas	310
	en preguntar qué hay de nuevo?	
Doris	Y ese pastor, ¿en qué para?	
Silvia	En que por loco le tengan,	
	y en que arrojado le hayan	
	del valle como a furioso.	315
Doris	¿Y Climene?	
Batillo	En Doñana,	
	como allá probó la fuerza,	
	volver al monte la mandan.	
Doris	¿Y qué voces eran estas	
	que ahora hacia aquí sonaban?	320
Silvia	Ese es nuevo pescudar.	
Batillo	Algunas ninfas que cantan,	
	porque cantan solamente.	
(Sale Epafo.)		
Epafo	Pastores destas montañas,	
	decidme si a sus orillas	325

	ha salido hoy... Pero nada	
	quiero ya que me digáis,	
	pues todo cuanto esperaba	
	saber, me han dicho estas flores,	
	reverdeciendo a sus plantas.	330
Tetis	¿Qué hubo de verme?	
Epafo	Divina Tetis.	
Batillo	Miren lo que traza el diablo. ¿Acá estaba Tetis?	
Silvia	Con justa razón te espantas, pues nadie tuvo hasta ahora las tetas a las espaldas.	335
Epafo	No, porque ya de la fiera cesó la engañosa caza que tras ella nos traía, cese el venir yo a buscarla; mas con una diferencia tan opuesta y tan contraria, como que antes fue el anhelo tan solo una fiera humana y hoy una divina era que tan ventajosa mata, cuanto hay de ser homicida del cuerpo a serlo del alma. En hora dichosa vine a esta florida campaña, pues viene a ocasión de que de tu huella a las estampas,	340 345 350

	estas arenas de oro,	
	la nieve las trueque a plata,	
	igualándoles los precios	355
	con el precio de pisarlas.	
Silvia	Más que príncipe Poleo,	
	parece en la que derrama,	
	príncipe juncia.	
Batillo	¿Tú has vido	
	lo que el principar ensalza?	360
Tetis	Señor príncipe Peleo,	
	afectos que desengañan,	
	aunque les falte la dicha,	
	la estimación no les falta.	
	Yo hago de vos la que debo,	365
	pero con la circunstancia	
	de la que me debo a mí;	
	y así os suplico se añada	
	a finezas del amor	
	las de la desconfianza.	370
	A poder favoreceros,	
	yo lo hiciera interesada	
	en méritos tan ilustres	
	con unas prendas tan altas.	
	Mas esto de los influjos,	375
	jurisdición reservada	
	es a los astros tan suya,	
	que aun deidades no la mandan.	
	Desengaños tan corteses	
	admitid, porque obligada	380
	no esté a usar de los groseros,	
	si los corteses no bastan.	

(Vase.)

Epafo   Oye, espera.

Silvia   En vano es
            el seguirla, que no alcanza
            planta que por tierra corre,   385
            deidad que vuela por agua.

Epafo   ¡Infeliz de quien la adora...

Batillo   Pues ¿hay más de no adorarla?

Epafo   ...tan sin esperanza!

Batillo   ¿Hay más
            de comprar una esperanza?   390

Epafo   Si hubiera feria de ellas,
            bien, villano, aconsejabas
            a mi desesperación.

Batillo   Luego ¿no la hay? Tome y vaya
            al terrero de palacio,   395
            verá cuán de lance la halla,
            que allí a cualquiera le sobra,
            porque ninguno la gasta.

Epafo   Calla, rústico atrevido,
            villano.

Batillo   Calla, villana;   400
            rústica atrevida.

Silvia	¿Date esotro, y de mí te enfadas?
Batillo	Cada uno da donde puede en descargo de su alma. Y pues ves que vienen dando, 405 ¿qué esperas? Da de puñadas tú a ese tronco que te sigue.
Silvia	Más vale a ti.
Batillo	Si me alcanzas.

(Vanse.)

Epafo	Hermosas lucientes flores, que deste monte en la falda 410 la senda por donde huyó me estáis ostentando ufanas, más por lo que la florece que no por lo que la aja. Decid a la deidad vuestra 415 que Peleo es quien la llama, que a la voz de mis suspiros del florido albergue salga, donde a las tardes reposa en la mullida fragrancia 420 de los ocios que guarnecen catres de oro y lechos de ámbar.

(Sale Amaltea.)

Amaltea	Aunque es verdad que esta tarde

	la mansión en que descansa	
	la vanidad de las flores	425
	adormecida hasta el alba,	
	no cuando iras la despiertan	
	del cierzo que la abrasa,	
	bien como el de tus suspiros,	
	tras cuyos embustes anda	430
	desvanecida su pompa,	
	al ver cuán poco tus ansias	
	favorece. ¿Qué me quieres?	
Epafo	Ver si pudiese templarlas	
	con decirlas, que así un mal	435
	que no se vence se aplaca.	
	Sabrás...	
Amaltea	Ya lo sé: que Tetis	
	cortesanamente ufana,	
	que es lo mismo que dorarte	
	el puñal con que te mata,	440
	te despide; que a la mira,	
	desde que supe que estabas	
	en el monte, te he seguido.	
	Y pues del ruego se cansa,	
	entre a alcanzar la violencia	445
	lo que el mérito no alcanza.	
	Todas aquestas auroras,	
	yo no sé lo que la traiga,	
	mas sin saberlo lo temo,	
	tan sola sale a esta playa,	450
	que Doris, valida suya,	
	no más es quien la acompaña.	
	Ven con gente, que encubierta	
	detrás de unas verdes ramas,	

	que yo haré crecer la noche	455
	y florecer la mañana,	
	en esas quiebras que hace	
	en los riscos la resaca	
	del mar, el paso la impida,	
	cuando huyendo de ti vaya	460
	a guarecerse en las ondas:	
	con que en la florida estancia	
	de una gruta que acabó	
	mi artificio en las entrañas	
	del monte, sin que lo sepa	465
	nadie, podrás ocultarla.	
	Hurta esta deidad al mar,	
	Plutón de su centro, y...	
Epafo	Basta,	
	no prosigas: y supuesto	
	que acciones tan temerarias	470
	es lo de menos decirlas,	
	pues fue lo de más pensarlas;	
	hacer la deshecha quiero,	
	al ver que la noche baja,	
	de que me vuelvo a la corte,	475
	y de secreto mañana	
	vendré a este puesto con gente,	
	de quien con más confianza	
	pueda fiar del secreto.	
Amaltea	Dices bien, vete, ¿qué aguardas?	480
Epafo	Solo arrojarme a tus pies.	
Amaltea	No hay que agradecerme nada;	
	y es verdad, vete.	

| Epafo | Ninguno
esta acción acuse, hasta
que sea tan desdichado,
que adore sin esperanzas. | 485 |

(Vase.)

| Amaltea | Y es verdad, digo otra vez,
que no hay que agradecer nada
a quien por sí lo obra todo.
Y más hoy con mayor causa, | 490 |
| | pues una música, ¡qué ira!
que antes escuche, ¡qué rabia!
a las flores, ¡qué veneno!
saludando al Sol, ¡qué ansia!
de parte, ¡qué confusión! | 495 |
| | de la tarde, ¡qué ignorancia!
me ha puesto en duda de que
le dejan que hacer al alba.
Y más cuando este tirano,
que con vanidades tantas | 500 |
| | desperdició mis favores,
aunque por loco le tratan
todos, para mí no sé
qué razón tiene en que haya
su madre (si es que lo es) | 505 |
| | con equívocas palabras
díchole antes en enigmas
cosas, que él une y engaza
con hallarle entre las flores.
Y así, antes que a luz salga | 510 |
| | el embrión destas sombras,
por si contrario se halla | |

	de hijo de Apolo, no pueda	
	adelantar la esperanza	
	para con Tetis, importa	515
	que procure adelantarla	
	hoy yo para con Peleo,	
	tanto es lo que me acobarda	
	lo que me aflige, me angustia,	
	me asusta y sobresalta	520
	aquel canto. Mas ¿qué mucho	
	aun ahora parece que anda	
	sonándome en los oídos	
	como susurro que aguarda	
	por algún rato el rumor?	525
	O díganlo esas lejanas	
	cláusulas que van diciendo	
	en voces dos veces altas.	
Ella y música	Y repitan unidos	
	vientos y aguas,	530
	al compás que forman	
	cristales y auras,	
	de unos y otros acentos	
	las consonancias,	
	para hacer del palacio	535
	del Sol la salva.	

(Descúbrese el teatro de las estrellas, y en el aire Climene y Faetón. Dentro arriba Iris.)

Iris	Ya a las puertas os dejo
	del palacio del Sol.

Faetón	Bien el reflejo
	sin tu voz lo dijera,

	que en estrellas la noche reverbera.	540
Climene	Mejor la humana planta que grave estremeció fábrica tanta.	
Faetón	Ya en nítidos fulgores declarándose van los resplandores. ¡Qué común alegría!	545
Climene	Son del primer crepúsculo del día, y de sus luces bellas se van oscureciendo las estrellas, en cuya muchedumbre una lumbre se apaga de otra lumbre, ya con llama más pura del alcázar se ve la arquitectura, y en su todo y su parte poder y estudio obrar tan sin miseria, que la materia sobresale al arte, y al arte sobresale la materia.	550 555
Faetón	Bien la fatiga seria ya del buril, ya del cincel lo diga; pues hallo la fatiga en su menor esconce salido al vidrio y familiar al bronce.	560
Climene	Ya habiendo de la luz rasgos primeros, desvanecido estrellas y luceros, entre líneas descubre las perfectas imágenes de signos y planetas.	565
Faetón	Y ya rasgando los cerúleos velos, coluros ilustrando y paralelos	

	en regio solio en que a dormir declina,	
	el Sol hacia el zodíaco camina,	
	en cuya faja bella	570
	la senda de la eclíptica es su huella.	
Climene	¡Qué joven se mantiene!	
	Pero ¿qué mucho si en su mano tiene	
	del día la continua monarquía,	
	siendo para él toda la edad un día?	575
Faetón	Antes que del bizarro	
	trono trascienda al pórtico del carro,	
	como extrañando el peso que padece	
	su gran mansión, que quiere hablar parece.	
Climene	Será sin duda en métrica alegría,	580
	que aquí cuanto se escucha es armonía.	
Música	Aves, pues llora el Aurora,	
	decidle al Sol que madrugue;	
	porque con solo cendales de oro,	
	es justo que llanto de perlas se enjugue.	585
Apolo	¡Oh vosotros, a quien Iris	
	en alas de viento sube	
	sobre piras de vapores	
	en pedestales de nubes!	
	¿Cómo os habéis atrevido,	590
	sin que ni el aire os asuste,	
	sin que ni el fuego os asombre	
	ni el esplendor os deslumbre,	
	a pisar, estremeciendo	
	almenas y balaustres,	595
	destos dorados retretes	

	los pavimientos azules? ¿Cómo os habéis atrevido, segunda vez lo pronuncie, deste reservado solio, que yo solo es bien que ocupe, la línea tocar sin ver que su inmensa pesadumbre es el taller destos rayos y oficina destas luces? Pero ya al reconoceros cese el enojo, y rehúse al sentimiento el amor. ¿Qué queréis?	600 605
Los dos	Que nos escuches.	
Climene	Sagrado dios de Delo.	610
Faetón	Alma de el mundo.	
Climene	Corazón de el cielo.	
Faetón	Vida de las humanas monarquías.	
Climene	Árbitro de las noches y los días.	
Faetón	Espíritu admirable.	
Climene	De racional, sensible y vegetable.	615
Faetón	Esplendor de esplendores.	
Climene	Aliento de los frutos y las flores.	

Faetón	Anhélito suave.	
Climene	Del bruto, de la fiera, el pez y el ave.	
Faetón	Padre común del hombre,	620
	padre dije, ¡qué bien me sonó el nombre!	
Climene	Hoy a tus plantas derrotada viene	
	la fortuna de Eridano y Climene.	
Apolo	Antes que me digas más,	
	no Eridano le pronuncies,	625
	Faetón es su nombre, en muestra	
	que el fuego al fuego produce.	
	Y si es vuestra pretensión	
	que por hijo le divulgue,	
	ya lo está, pues lleva el nombre	630
	que es carácter de mi lumbre.	
	Y no haberlo dilatado	
	hasta aquí, Climene, acuses,	
	que a Júpiter y a Diana	
	airados hasta ayer tuve,	635
	sin poderlo declarar,	
	porque uno ni otro no juzgue	
	que blasonando el delito	
	segunda vez los injurie.	
	Pero ayer, viendo cuán fiero	640
	el hado su influjo cumple,	
	a revocarte mis ansias	
	tan rendidamente acuden,	
	que la apelación de entrambos	
	me admitieron, con que hoy pude,	645
	con su desenojo, hacer	
	que hijo mío le intitules.	

| | Con que batiendo otra vez
Iris las alas que pulen
rosa y jazmín, con los dos   650
los golfos del aire sulque,
que me dan prisa las aves,
diciéndome que madrugue. |

Música   Porque con solo cendales de oro,
         es justo que llanto de perlas se enjugue.   655

Faetón   Aunque llevo en tus honores
         cuanto pretendido truje,
         Climene ha dado ocasión
         a que ser verdad se dude.

Climene Dice bien, y si no lleva   660
         una seña que le ilustre,
         tan por loco como antes
         has de ver que le presumen.

Apolo   ¿Qué seña quieres?

Faetón   Si una
         a que mi altivez me induce,   665
         a que mi aliento me llama
         y mi soberbia me infunde
         me otorgaras, ella fuera
         su desengaño y mi lustre.

Apolo   Nada habrá que tú me pidas   670
         que otorgarte no procure,
         en desagravio del tiempo
         que hizo el temor que te oculte.

| Faetón | ¿Que lo cumplieras?, premite
que te pida que lo jures. | 675 |
| Apolo | ¿Qué importa jurarlo quien
aun lo que no jura cumple?
Mas porque no te acobardes
en pedir, ni de mí dudes,
por la gran laguna Estigia, | 680 |
| | juramento indisoluble
de los dioses, cumplir yo
juro cuanto tú pronuncies. | |
| Faetón | Pues déjame que tu carro
hoy rija, para que triunfe
tan de todos de una vez
que todos de mí se alumbren.
Galatea, Amaltea y Tetis,
vean, puesto que traslucen
las deidades de tu alcázar,
las más lejanas vislumbres,
que hijo tuyo me acredita
tu mismo esplendor, y suple
tu persona la mía, puesto
que como las tres lo anuncien,
duda a los demás no queda
para que desde hoy me encumbre
en las aras que por hijo
tuyo merecidas tuve. | 685

690

695 |
| Apolo | Mucho me pides, Faetón,
que el regir mi carro incluye
más dificultoso examen
que tus pocos años sufren.
Tan precisa es mi carrera | 700 |

	por la línea que la incluye,	705
	que desmandada verás	
	que más abrasa que luce.	
	Si se elevara, encendiera	
	esta celeste techumbre,	
	y si declinara, toda	710
	la tierra hiciera que ahúme.	
	Si a diestra o siniestra se hacen,	
	sin que a la rienda se ajusten	
	los dos, Etonte y Flegón,	
	caballos que le conducen,	715
	los signos desbarataran	
	en no usadas inquietudes,	
	todo el orden de la tierra	
	viviera contra costumbre,	
	y al descender presumieras	720
	que todo el cielo se hunde.	
	Y así de mi juramento	
	el voto absuelve, no impugne	
	que tú pidas lo que ignoras	
	y yo ignore lo que jure.	725
Faetón	A mi espíritu valiente	
	no hay recelo que le turbe,	
	ya yo pedí y tú juraste.	
Climene	Y yo su intención ayude.	
	Si es justo que en tu memoria	730
	aquella obligación dure,	
	con que por tu amor a riesgo	
	vida, alma y ser, honor puse,	
	rija tu carro Faetón.	
Faetón	Y sepa el mundo que hube...	735

Climene	Yo en tus ojos gracia.
Faetón	Yo en tu gracia, honor y lustre.
Climene	No receles.
Faetón	No recates.
Climene	No resistas.
Faetón	No rehúses.
Climene	Cuando aclamando tu luz. 740
Faetón	Le dan priesa a que madrugue.
Ellos y Música	Porque con solo cendales de oro es justo que llanto de perlas se enjugue.
Apolo	Ya lo juré, y pues no puedo revocarlo, al eje sube, 745 en que deste trono al carro pasa, para que dél uses.
Faetón	A él y a tus puertas me eleva más la ambición que la nube.
Climene	Y yo a la tierra desciendo, 750 donde sus dichas promulgue.
Apolo	Con temor voy de que tanto esplendor no perturbe.

Faetón	Con ansia voy de que vea todo el orbe que dél triunfe.	755
Climene	Con deseo voy de que por hijo del Sol le juzguen.	
Los tres	Cuando vean que por él, y no por el Sol se escuche.	
Ellos y Música	Aves, pues llora el Aurora, decidle al Sol que madrugue, porque con solo cendales de oro es justo que llanto de perlas se enjugue.	760

(Desaparecen los tres y cúbrese la Luna, y salen Batillo y Silvia.)

Silvia	En fin, ¿porfías en que has de irte a ser soldado?	765
Batillo (Canta.)	Si no basta lo rezado, cantando te lo diré. 　¡Ay que me vo, que me vo, que me vo, 　si te diere el aire en la cara 　sospiros son que los envío yo! Mira si es bien claro o no; y adiós, que ir a buscar quiero a mi campitán.	770
Silvia	Primero también he de cantar yo. 　¡Ay que me quedo, me quedo, me quedo, 　si te diere un garrote en la espalda 　palabras son que van dando y pidiendo!	775

Batillo (Canta.)	De palabras no hagas
	aprecio, boba,
	que es de mercadantes 780
	cumplir parola.
Silvia	Llévame contigo,
	que más me agrada
	moza ser de soldado
	que de soldada. 785
Batillo	Baste en mi partida
	que llores, Silvia.
Silvia	Y que diga yo sobra,
	gentil partida.
Batillo	Y pues no hay remedio, 790
	los brazos, y adiós.
	¡Ay que me vo, que me vo, que me vo!
Silvia	Toma, y yo prosiga,
	pues no hay remedio.
	¡Ay que me quedo, me quedo, me quedo! 795
Batillo	Si te diere el aire en la cara.
Silvia	Si te diere un garrote en la espalda.
Batillo	No dudes, no,
	suspiros son que los envío yo.
Silvia	Ten tú por cierto, 800
	palabras son que van dando y pidiendo.

(Salen Amaltea, Epafo y unos enmascarados.)

Amaltea   Aquellas recientes ramas
                   que entre la ola y el escollo
                   parece que a luz nacieron
                   y no fueron sino aborto,   805
                   es la celada en que habéis
                   de estar ocultos vosotros.
                   Tú en la quiebra de ese risco
                   también lo has de estar a estotro
                   lado, mientras la deshecha   810
                   hago yo de que lo ignoro,
                   con mi coro al Sol cantando.
                   Y cuidado con el tono,
                   porque él te ha de dar aviso
                   si Tetis saliere.

Uno   En todo   815
                   verás que te obedecemos.

Epafo   Y yo, que soy cauteloso
                   áspid hoy de amor verás,
                   pues en las flores me escondo.

(Pasan los embozados por delante, y Epafo se esconde.)

Amaltea   Y yo veré si impedir   820
                   de Eridano el amor logro,
                   y una vez perdida Tetis,
                   mas que sea hijo de Apolo.

(Vase.)

Silvia	¿Qué embozos son estos, Bato?	
Batillo	Yo no entiendo bien de embozos; pero si un tonto me era, me he quedado hecho dos tontos. Retirémonos aquí, y no peguen con nosotros.	825

(Al entrarse sale Climene y Galatea.)

Silvia	¿Aún no acabamos con fieras y ya empezamos con monstruos?	830
Batillo	No muy acabado, Silvia, pues al decirlo me topo ella por ella con ella.	
Silvia	No temas, pues es notorio que es mujer.	835
Batillo	Peor que peor, que mujer fiera es lo propio que si se pusiera uno basilisco sobre otro.	

(Vanse.)

Galatea	¿Qué me dices?	
Climene	Lo que pasa, hoy jurado hijo de Apolo, le verás regir el día.	840
Galatea	No fue en vano el amoroso	

| | afecto que le tuvimos
las náyades, en fin, como
hermanas suyas. ¡Oh si
ya amaneciese a mis ojos! | 845 |

Tetis (Dentro.) Pues ya las cumbres del monte
rayándose van, a bordo
el risco llegad, que hoy quiero   850
dejar por la playa el golfo.

Climene   No menos para mí es,
Galatea, el alborozo
de que antes que él salga, Tetis,
en el peñasco vistoso   855
que ya otras veces la vimos,
venga a estos verdes contornos,
para que si fue testigo
de mis pasados enojos,
de mis venturas lo sea.   860

(Descúbrese el mar con Tetis y ninfas.)

Galatea   Veo y verás que convoco
mis ninfas, y para que hoy
hagan salva con más gozo
que nunca al Sol.

(Vanse las dos y bajan ellas al tablado.)

Tetis   Por no hacer,
Doris mía, sospechoso   865
el salir las dos a tierra
solas, tantas veces, tomo
por partido el volver hoy

	con todo el primer adorno,	
	si bienes de mi cuidado	870
	siempre el intento aquel propio	
	de saber en qué paró	
	el suceso prodigioso	
	del templo, y qué se habrá hecho	
	Eridano, que por loco	875
	echaron dél.	
Doris	Quiera el cielo	
	que Peleo, riguroso	
	como otras veces, no sean	
	de nuestra venid estorbo.	
Tetis	Por eso, Doris, salir	880
	antes hoy que el Sol dispongo,	
	pues no es hora de que él	
	aquí esté.	

(Sale Amaltea con su coro.)

Amaltea	Pues ya noto	
	que está Tetis en la playa,	
	ya es hora que nuestro coro	885
	dé aviso a Peleo, y más cuando	
	el Sol parece que, pronto	
	para salir, esperaba	
	a que ella saliese solo.	
Coro II	Bellos triunfos de Amaltea,	890
	a quien inspira el Favonio,	
	avisad a quien le aguarda,	
	que ya está el Sol con vosotros.	

(Sale Epafo.)

Epafo	Bellos triunfos de Amaltea,	
	a quien inspira el Favonio,	895
	avisad a quien le aguarda,	
	que ya está el Sol con vosotros.	
	Conmigo esta letra habla,	
	y es verdad, si reconozco	
	allí a Tetis; pues ¿qué espero?	900

(Sale a otro lado Galatea y su coro.)

Galatea	Pues que sus hermanas somos,	
	cantad, que a nadie más toca	
	saludar sus rayos rojos.	
Coro I	No al ver hoy al Sol corráis	
	cristales tan presurosos,	905
	parad, tened y veréis	
	que parece uno y es otro.	
Epafo	No al ver al Sol corráis	
	cristales tan presurosos,	
	parad, tened y veréis	910
	que parece uno y es otro.	
	¿Qué me detenga me avisan?	
	Pues dijo que con el coro	
	me hablaría. Otro sin duda	
	está al paso, atrás me torno.	915
Tetis	Pues que flores y cristales	
	hacen salva con sonoros	
	acentos al Sol, hagamos	
	nosotras también lo propio.	

Coro III	Marinas ninfas de Tetis,	920
	saludad al Sol hermoso,	
	pues no menos luz le deben	
	que las campañas, los golfos.	
Amaltea	No me ha entendido o mis ecos	
	ha confundido con otros.	925
	Volved a llamar, que allí	
	Galatea importa poco.	
Coro II	Bellos triunfos de Amaltea,	
	a quien inspira el Favonio,	
	avisad a quien le aguarda	930
	que ya está el Sol con vosotros.	
Epafo	Que ya está el Sol con vosotros,	
	ya vuelve a decir que llegue.	
Galatea	No esté vuestro canto ocioso.	
Coro I	No al ver hoy al Sol corráis	935
	cristales tan presurosos,	
	parad, tened, y veréis	
	que parece uno y es otro.	
Epafo	Pero otra vez que no salga,	
	dice.	
Tetis	Repetid el tono.	940
Coro III	Hermosas ninfas de Tetis,	
	saludad al Sol hermoso,	
	pues no menos luz le deben	

que las montañas, los golfos.

(Descúbrese el carro con Faetón.)

Epafo	No sé lo que me resuelva,	945
	mas que a suspenderme absorto.	
Faetón	Más en la gran majestad	
	de tanto esplendor heroico	
	el solio me desvanece,	
	que no la altura del solio.	950
	La seguridad lo diga	
	con que etéreos campos corro,	
	siendo en piélagos de plata	
	luciente bajel de oro.	
	Cuando a los dos movimientos	955
	discurro el celeste globo,	
	con el natural a giros	
	y con el rápido a tornos;	
	¡oh cuánto mundo descubro!,	
	más ostentándose hermoso	960
	con el desaliño a partes,	
	que a partes con el adorno.	
	Las poblaciones lo digan	
	de los montes en contorno,	
	en quien campea no menos	965
	lo pulido que lo bronco.	
	¡Qué bien parecen los mares,	
	de toda la tierra fosos,	
	redutos siendo los ríos	
	y surtidas los arroyos!	970
	¡Qué bien la visten las plantas,	
	en cuyo vulgo frondoso	
	son las flores la nobleza	

	y los villanos los troncos!	
	La variedad de los brutos,	975
	¡qué bien la adorna, si noto	
	cuán distintos unos vuelan,	
	otros corren, nadan otros!	
	Tras de tanto inmenso objeto	
	(perdóneme esta vez todo)	980
	de Tesalia el horizonte,	
	que ya descubierto doro,	
	de mis vanidades es	
	el más luciente alborozo;	
	que al fin no es dichoso quien	985
	no es en su patria dichoso;	
	y más cuando en Tetis veo	
	un Sol que desde otro adoro,	
	a Galatea diviso	
	y a Amaltea reconozco.	990
	¿Cómo hiciera yo que en mí	
	repararan, pues sus ojos	
	bien como deidades, pueden	
	vencer luces?, que no logro	
	en mis vanidades, sino	995
	me ven.	
Galatea	Ya en el regio trono se deja ver.	
Tetis	Pues ya sale el Sol.	
Amaltea	Aunque escuche sordo, volved a cantar.	
Galatea	No cese	

	la voz.	
Tetis	La vuestra tampoco.	1000
Coro I	Bellos triunfos [de Amaltea,	
	a quien inspira el Favonio,	
	avisad a quien le aguarda,	
	que ya está el Sol con vosotros].	
Coro II	No al ver hoy [al Sol corráis	1005
	cristales tan presurosos,	
	parad, tened y veréis	
	que parece uno y es otro].	
Coro III	Marinas ninfas [de Tetis,	
	saludad al Sol hermoso,	1010
	pues no menos luz le deben	
	que las campañas, los golfos].	
Epafo	Babel de música es	
	el valle, a salir no oso,	
	ni estarme oculto, que a un tiempo	1015
	mucho escucho y nada oigo.	

(Sale Climene.)

[Climene]	Bello prodigio del mar,	
	de las flores bello asombro,	
	del cristal portento bello,	
	y bellos lustres de todo.	1020
	Volved los ojos al día,	
	que saluda tan sonoro	
	vuestro canto, de los tres	
	confundidos vuestros coros,	

	y veréis, pues podéis verlo,	1025
	que ese plaustro luminoso	
	del Sol conducido viene	
	del que tuvisteis por loco.	
	Faetón, no Eridano ya,	
	le trae, como hijo de Apolo,	1030
	sed testigos de su honor,	
	pues lo fuisteis de su oprobio.	
Faetón	O escuchen o no; ¡ha del mundo!,	
	repara en mí, y mira cómo	
	dueño de la luz del día,	1035
	la sombra a la noche rompo.	
Las tres y Tetis	¡Qué maravilla!	
Las tres y Amaltea	¡Qué asombro!	
Las tres y Galatea	¡Qué admiración!	
Epafo	¿Qué es lo que oigo?	
	Faetón, Eridano ¡cielos!,	
	pues perdóneme el decoro,	1040
	que si atendí enamorado	
	no puedo atender celoso.	
	¿Qué admiras, Tetis?	
Tetis	A un tiempo	
	de Faetón el triunfo heroico	
	y el atrevimiento tuyo,	1045
	pues no menos ambicioso,	
	si él se atreve al Sol, tú a mí.	
	Y pues ya no es él el loco,	
	sino quien el desengaño	

	quiere escuchar como enojo, 1050
¿qué me quieres?
Epafo	Que me escuches.
Tetis	Es en vano, pues que solo
conseguirás que de ti
huyendo me vuelva al golfo.

(Al irse al mar salen los embozados.)

Uno	Mal podrás, porque sabremos 1055
tu paso impedir nosotros.
Tetis	¿Qué traición es esta?
Epafo	Es
un desesperado arrojo
que empezó el amor y acaban
los celos.
Tetis	¡Cielos piadosos! 1060
¡Traición!
Todas	¡Qué horror!
Epafo	Ven conmigo.
Vea Faetón que me nombro,
si él el Sol, yo su Proteo,
pues su mejor luz le robo.

(Vanse con ella.)

Faetón	¿Qué es lo que miro? ¡Ay de mí! 1065

	Traidor Epafo, alevoso, robada a Tetis se lleva.	
Todos	Acudid, acudid todos.	

(Sale Admeto por una parte y Eridano por otra.)

Admeto	Cada vez que al monte vuelvo en busca de Peleo, topo una confusión.	1070
Eridano	¿Aún no hemos, hado riguroso, acabado con mis penas?	
Los dos	¿Qué será aqueste alboroto?	
Silvia	Sepamos qué es esto, Bato.	1075
Batillo	Sepamos.	
Tetis	¡Cielos, socorro!	
Los dos	¿Qué es esto?	
Todos	Peleo robada lleva a Tetis.	
Admeto	Presurosos le sigamos, no cometa tan grande delito.	
Amaltea	Poco importa, si una vez yo	1080

	en mis albergues le escondo.
Silvia	¿No vamos tras ellos, Bato?
Batillo	Sí, mas vamos poco a poco.
Faetón	¡Valedme, cielos!, que es 1085 de vuestros claustros desdoro que a ellos los celos se atrevan, o perdonadme si rompo de la carrera la línea, alterando el orden todo 1090 del día, que he de seguirle o morir en su socorro. Mas, ¿qué es esto? Los caballos desbocados y furiosos, viéndose abatir al suelo, 1095 soberbios extrañan otro nuevo camino... Y no, ¡ay triste!, en esto resulta solo el desmán, sino en que ya la cercanía del solio, 1100 (Del teatro del fuego aparece.) del ardiente luz de tantos desmandados rayos rojos montes y mares abrasa.
Todos	¡Clemencia, cielos piadosos!
Unos	¡Piedad, Júpiter divino! 1105
Embozado	¿Dónde vamos con el robo, si más nos importa huir de incendio tan riguroso?

Tetis	De cuantas veces el agua	
	vengó del fuego el destrozo,	1110
	el del agua hoy venga el fuego.	
Epafo	Si es castigo, en tu socorro,	
	de mi atrevimiento, aplaca	
	la ira, que a tus pies me postro,	
	y no ya para tu agravio,	1115
	para tu amparo en mis hombros.	
Tetis	¡Ay de estado tan terrible!	
Faetón	¿Quién creerá que en tanto asombro	
	yo abrase al mundo y a mí?	
	Mas ¿qué mucho, si a mis ojos	1120
	a Tetis, ¡ay infeliz!,	
	llego a ver en brazos de otro?	
	Y así perdido lo más,	
	ni tienda que airado arrojo,	
	ni el curso que ciego pierdo,	1125
	podrán hacer que sea estorbo	
	de no despeñarme al mar,	
	y pues yo ardo, arda todo.	
Silvia	¿Qué es esto, Bato?	
Batillo	No es nada,	
	que el cielo sobre nosotros	1130
	se cae y no más.	
Los dos	Los ejes	
	del cielo caducan todos.	

Amaltea	¡Júpiter, piedad!, que hoy de plantas, flores y troncos el verde ornato perece.	1135
Galatea	¡Piedad, Júpiter!, que undoso el cristal perece, secos los ríos, fuentes y arroyos.	
Climene	Que sería su desdicha cumplió el hado riguroso, el saber Faetón quién era.	1140
Todos	¡Clemencia, cielos piadosos!	
Eridano	Ya Júpiter aceptó vuestros lamentos piadosos, pues cortando con un rayo el brío de su ambicioso espíritu, que abrasando iba el mundo, en el undoso Eridano, que la cuna le dio, y el mauseolo.	1145 1150
Epafo	Si lo que te ofendí amante puedo restaurar esposo, sea el temor de sus iras de Júpiter desenojo.	
Tetis	Ya en tu poder y en tus brazos me vi, débame el decoro que con esto el desagravio del pasado agravio compro.	1155
Admeto	Felice él y feliz yo.	

Amaltea	Y yo, pues venganzas logro.	1160
Climene	Solo para mí no hay consuelo en mal tan penoso.	
Galatea	Ni para nosotras, puesto que apenas hermanas somos de Faetón, cuando obligadas a lágrimas y sollozos quedamos.	1165
Tetis	Climene, todas las náyades al asombro inmóviles han quedado.	
Admeto	Y aun convertidas en troncos.	1170
Amaltea	De álamos negros serán desde hoy sus suspiros roncos, que las lágrimas distilen de el ámbar.	
Batillo	Con que los bobos lo creerán, y los discretos sacarán cuán peligroso es desvanecerse, dando fin Faetón, hijo de Apolo.	1175

Fin de la comedia

Libros a la carta

A la carta es un servicio especializado para
empresas,
librerías,
bibliotecas,
editoriales
y centros de enseñanza;
y permite confeccionar libros que, por su formato y concepción, sirven a los propósitos más específicos de estas instituciones.

Las empresas nos encargan ediciones personalizadas para marketing editorial o para regalos institucionales. Y los interesados solicitan, a título personal, ediciones antiguas, o no disponibles en el mercado; y las acompañan con notas y comentarios críticos.

Las ediciones tienen como apoyo un libro de estilo con todo tipo de referencias sobre los criterios de tratamiento tipográfico aplicados a nuestros libros que puede ser consultado en Linkgua-ediciones.com.

Linkgua edita por encargo diferentes versiones de una misma obra con distintos tratamientos ortotipográficos (actualizaciones de carácter divulgativo de un clásico, o versiones estrictamente fieles a la edición original de referencia).

Este servicio de ediciones a la carta le permitirá, si usted se dedica a la enseñanza, tener una forma de hacer pública su interpretación de un texto y, sobre una versión digitalizada «base», usted podrá introducir interpretaciones del texto fuente. Es un tópico que los profesores denuncien en clase los desmanes de una edición, o vayan comentando errores de interpretación de un texto y esta es una solución útil a esa necesidad del mundo académico.

Asimismo publicamos de manera sistemática, en un mismo catálogo, tesis doctorales y actas de congresos académicos, que son distribuidas a través de nuestra Web.

El servicio de «libros a la carta» funciona de dos formas.

1. Tenemos un fondo de libros digitalizados que usted puede personalizar en tiradas de al menos cinco ejemplares. Estas personalizaciones pueden ser de todo tipo: añadir notas de clase para uso de un grupo de estudiantes, introducir logos corporativos para uso con fines de marketing empresarial, etc. etc.

2. Buscamos libros descatalogados de otras editoriales y los reeditamos en tiradas cortas a petición de un cliente.

www.ingramcontent.com/pod-product-compliance
Lightning Source LLC
LaVergne TN
LVHW041335080426
835512LV00006B/465